性格を科学する心理学のはなし

血液型性格判断に別れを告げよう

Atsushi Oshio
小塩真司 著

新曜社

まえがき

子どもは、「なぜ?」「どうして?」と疑問を大人に投げかけます。私も三人の子をもつ親なので、子どもが「どうして?」ときいてきたときにはできるだけ答えようとするのですが、どうしてもわからないときがあります。そこで「いや、まあ、それはそうなっているものなのだよ」と言ってしまうのは簡単です。しかしできるだけ「それはわからないから調べてみよう」と言うように心掛けています。

私は、昔から図鑑や百科事典を読むのが好きでした。小学校から帰ってきて夕食までゆっくりしている時間や、居間にテレビがついていて家族と一緒にいるとき、通っていた病院の待合室でも、私の手元にはたいてい図鑑や百科事典があり(学習マンガシリーズもよく読んでいましたが)、一頁一頁の写真や絵と文章を眺めていたものです。今でも、自分の子どものためと言いながら、自分が見たい図鑑を買ってきてしまうこともあります。

勉強することや知識を得ることと、研究することは同じではありません。図鑑や百科事典に書かれている内容の大部分は、世界中のどこかの研究者が過去に研究したことです。みなさんが学校で「勉強」する内容も、そのほとんどはすでに過去に研究が行われ、多数の研究者によって同意が得られていることなのです。

「勉強と研究のちがいとはなんでしょうか」という質問を学生からされたことがあります。たしかに小学校時代の夏休みに出される「自由研究」の宿題を想い浮かべれば、勉強と研究のちがいは曖昧にならざるを得ません。たとえば自由研究として「世界の国旗を調べます」という課題を設定すれば、あとは図書館に行って図鑑を広げて紙に国旗を描き、家に持ち帰って整理するようすが想像されます。多くの自由研究には答えが用意されており、ウェブサイトを検索すれば自由研究にふさわしいテーマの一覧をすぐに目にすることができてしまいます。

こういった「自由研究」と、研究者が行う「研究」とのちがいはなんでしょうか。それは、子どもたちが行う自由研究の多くが「すでに存在する知識を学ぶこと」であるのに対し、研究者が行う研究活動は「新たな知識を追加する作業」であるという点です。では、どこに新たな知識を追加するのでしょうか。それは（大げさな表現ですが）「人類全体の知識」に、です。ただし、一人の研究者が一生かかって人類全体の知識体系に追加できる知識量は微々たるものです。しかも後々誤りだとされることもあれば、追加されたものの何の利用もされず、誰からも忘れ去られて単に記録だけが残る、という場合もあります。しかしそれでも、そういった活動が楽しいから研究者になった、という研究者は多いことでしょう。

研究者はなにか疑問が浮かぶと、子どもたちと同じように過去の知識を探しはじめます。本を読み、論文を探し、インターネットで検索もします。ここまでは、疑問を抱いた子どもたちと変わりません。ところが、研究者が思い浮かべる疑問の多くは、過去に行われた研究活動で答えが出されていなかったり、出されていてもさらなる疑問が浮かぶような曖昧なものだったり、確実さに欠けたりするものなのです。
それは、子どもたちであれば、図鑑を調べても大人にたずねてもそれ以上答えがわからず、「お手上げ状態」となるような状況だといえます。ところが、研究者はそういうときこそ楽しくてしかたがなくなるという変わった習性をもっています。そして、どういう方法を採用すれば答えを導きだすことができるのかを考え、その方法を実行し、自分で答えを導こうと試みていきます。非常におおまかなたとえですが、こういった活動が「研究」だといえるでしょう。疑問を抱くことは、物事を追究するための重要な第一歩です。

みなさんは、どのような性格だと自分で思っているでしょうか。性格という言葉はよく使いますし、日常的に話題になることも多い概念です。ところが、「性格とはなにか」ときかれると、なんと答えればいいのかわからず困ってしまうのではないでしょうか。

本書では、日常生活のなかで抱きがちな性格に関連する疑問に対して、心理学の研究成果を踏まえながら筆者自身の考えを述べていきます。疑問に対して明確な答えを出すというよりも「考えていくためのヒント」を述べていく形となっていますので、図鑑や百科事典のような明快な答えを求めている方には物足りないかもしれません。しかし世の中には、「今現在はこのような答えがコンセンサスを得られている」「今のところこういう答えがありそう」といった答えしか用意できない疑問も数多くあるのです。その意味で、「研究」しつづけていくべきことが尽きることはありません。本書を読んで、考えつづけるヒントのようなものを得ていただければうれしく思います。

近年、日本国内のみならず、アメリカ、ヨーロッパの性格心理学会には若い研究者が数多く集まり、盛り上がりをみせています。また、遺伝や脳科学、疫学など他分野と性格心理学が結びつくことで、これまでになかった新たな展開もみられるようになってきています。その一方で、性格心理学の歴史は古く、歴史の中で多くの知識が積み上げられてきてもいます。本書では、このような現在ホットな研究トピックである性格心理学（パーソナリティ心理学）について、その基本的な知識から、最近の注目されている研究までできるだけ触れるように心掛けました。

加えて本書では、性格心理学の基本的な考え方に対比するものとして、血液型性格判断を取り上げています。一時期ほどのブームではないにせよ、今でも血液型性格判断が話題にのぼる機会は多くあります。現在のブームが一九七〇年代からはじまっていることもあり、血液型性格判断を信じる人は日本中の全世代にわたって存在しているといえます。みなさんの周りを見渡しても、若者にももちろんいるのですが、むしろ中高年の人々のほうが信じているようすを見ることができるのではないでしょうか。このような考え方が、多くの人々にこれほど根強く信じられるのはなぜなのか、その根底にある考え方はどのようなものなのか、そして、その考え方は現在の性格心理学と異なっているのか、さらには、信じることによって何か弊害が生じるのか……これらのことについても、考えていきたいと思います。

ではさっそく、この血液型の話題からはじめてみましょう。

小塩　真司

目　次

■装幀　銀山宏子

序章　なぜ血液型と性格の関連を信じることに反対なのか

「この子は何型なの？」

子どもが生まれて、何度かたずねられたことです。私の子どもたちは、まだ誰も生まれてから血液型を調べていません。

「子どもが生まれてから何度か、こういうことをきかれたのですよ。でもうちの子は血液型を調べていないので……」

と、講義で学生に言うと、たいてい返ってくるのは次のような感想です。

「血液型を調べていなくて輸血するときは大丈夫ですか？」

しかし、輸血しなければいけないときに、医師や看護師が患者の曖昧な自己申告を鵜呑みにするはずがありません。間違えれば、命にかかわるのですから。そもそも、もし輸血されなければならないような切迫した状況だったら、自分で自分の血液型を申告できるとは思えません。このように言うと、次のような台詞《せりふ》を返す学生がいます。

「戦争になったらどうするのですか?」

みなさん、そういうときのために自分の血液型を覚えているのでしょうか。たしかに、いつ災害や戦争が起こるかわからない世の中であるかもしれませんが……。

もちろんほとんどの人は、戦争や災害に遭ったときのために、血液型を覚えているわけではありませんよね。多くの人は、コミュニケーションの中で自分や他者の性格を判断するときに、血液型を話題にします。つまり、血液型性格判断のために血液型を気にしているのでしょう。では、いったいどのぐらいの人が血液型性格判断を信じているのでしょうか。心理学者の山岡重行は、一九九九年から二〇〇九年にかけて、大学生を対象に血液型性格判断に関する調査を行いました。[1]その調査結果によると、血液型性格判断を信じている大学生は一九九九年から二〇〇九年にかけてコンスタントに一〇～一五パーセント程度おり、「少し信じている」と回答する大学生も五〇パーセント前後いるそうです。ブームが来たり去ったりしてはいますが、今でも日本では、血液型性格判断が非常に根深く浸透しているようです。

血液型性格判断と占いとのちがいは

血液型性格判断は、「血液型占い」と呼ばれることもあります。血液型によって相性や性格、その日の運勢を占うこともありますので、「占い」に近い扱いがされることもあります。その一方で、血液は人間の体を構成する生物学的な要素ですので、占いではなく「科学的」「生物学的」な「学問」

に近いものとして血液型性格判断を扱う人々もいます。では、血液型性格判断と一般的な占いとは、何が違うのでしょうか。そのひとつは、それぞれのカテゴリの人数に大きな偏りがあることです。

星座であれば、生まれ月にそれほど大きな偏りがあるとは思えませんし、干支も生まれ年によって出生人数が異なるものの、人数のちがいがそれほど表面化することはありません。ところが、血液型の場合には、A型がおよそ四割、O型がおよそ三割、B型がおよそ二割、そしてAB型がおよそ一割と、人数の比率が偏っています。意識するしないにかかわらず、この人数の偏りが、多数派と少数派をつくりだしていきます。日本には、A型がAB型の四倍もいるのです。しかし、普段私たちはそのことを強く意識しません。

もうひとつは、特定の血液型に対してポジティブなイメージが、その一方で別の特定の血液型に対してネガティブなイメージが、ほぼ固定的につけられていることです。

通常の占いであれば、占った時々によって良いこと、悪いことが均等に出てきます（もちろん、なかにはそうではないものもあるでしょうが）。しかし、血液型のイメージはそうではありません。A型とO型に対しては比較的ポジティブなイメージが、B型とAB型に対しては比較的ネガティブなイメージが固定的につけられてしまっています。もちろん、「私はO型の人が好き」といった個人の好みはあるでしょうが、全体的にはポジティブなイメージの血液型とネガティブなイメージの血液型は決まっています。近年ではとくに、O型のイメージは良く、B型のイメージは悪くなりがちです。

ちなみに星座占いの場合には、古くから陽の星座（男性星座）と呼ばれる牡羊座、双子座、獅子座、天秤座、射手座、水瓶座と、陰の星座（女性星座）と呼ばれる牡牛座、蟹座、乙女座、蠍座、山羊座、魚座に分けられています。欧米では、全体として陽の星座は陰の星座よりも好ましいイメージとして捉えられるそうです。しかしながら血液型と大きく異なるのは、これら陽の星座と陰の星座との間に、大きな人数の偏りがみられないという点にあります。

そのうえ、血液型は、遺伝によって形成される身体的な形質に結びつけられています。

「手相も身体的な特徴に結びついているじゃないか」と思う人がいるかもしれませんが、手相の場合には数種類の類型に分けるわけではありません。また血液型のように、メンデルの遺伝の法則に則ってはっきりと親から子へ伝わるわけでもないようです。しかし、血液型の場合には、親から子へ遺伝するメカニズムがわかっており、遺伝によって確定するという特徴があります。

なお、白血病などの治療として、骨髄移植をはじめとする造血幹細胞移植が行われます。これらの治療の際には白血球の血液型が一致していることが必要なのですが、ＡＢＯ式血液型は提供者のものに変わります。大部分の人はこのような治療を受けるわけではありませんので、ほとんどの場合は遺伝によって血液型が決定し、一生涯変わることはないといえます。

遺伝とイメージとの結びつき

遺伝によって決まる特徴に対してネガティブなイメージをつけられること、というのは何を意味するのでしょうか。

たとえば、肌の色は遺伝で決まります。特定の肌の色に対してネガティブなイメージをもたれることについて、どう思うでしょうか。

同じように遺伝で決まる特徴というのは数多くあります。以前、他の本に書いたことがあるのですが、[2] 次のフレーズにいろいろな言葉を当てはめてみてはどうでしょうか。それは、「私は、○○の人とは相性が悪いから付き合いたくない」というフレーズです。たとえば、次の文章はどうでしょう。

「私は、天然パーマの人とは相性が悪いから付き合いたくない」

天然パーマも遺伝によって決まってきます。私もそうですし、私の子どもたちもそうです。しかし、天然パーマの人とは相性が悪い、と隣にいる友人が強く主張してきたら、対応に困ってしまいそうです。

ではこれに対して、次の文章はどうでしょうか。

「私は、B型の人とは相性が悪いから付き合いたくない」

天然パーマには違和感を覚えた人でも、「B型」には違和感を覚えないかもしれません。しかし、ちょっと待ってください。天然パーマもB型も、遺伝で決まることにちがいはありません。何が両者を分けてしまうのでしょうか。

次の文章をみてみましょう。

「私は、背が低い人とは相性が悪いから付き合いたくない」

第七章で説明するのですが、身長は完全に遺伝で確定してしまうわけではありません。しかし、本人の努力ではどうしようもない部分が多く含まれる特徴です。身長を伸ばそうと思って努力しても、簡単には伸びてくれません。そういった特徴を理由にして、「相性が悪い」と言われても、途方にくれてしまうのではないでしょうか。

次の文章をみてみましょう。

「私は、名古屋生まれの人とは相性が悪いから付き合いたくない」

このような台詞はどう思うでしょうか。どこで生まれるかについても、本人は選択できません。やはり、これらのことを理由にして「相性が悪い」と言ってしまうことは、何か良くないことのように思えます。

天然パーマも血液型も身長も出身地も、本人には選択できない要素です。そのような、本人にはどうしようもない要素を取り上げて、「相性が悪いから付き合いたくない」と言ったところで、本人がいくら努力しても改善しようがありません。

みなさんは、出身地や人種、性別などを理由になんらかの不利な扱いをしたり、されたりすることに対しては、「それはいけないことだ」と意識できるはずです。ところが、同じような特徴をもつ言葉を同じ文章の中に入れたときに、なぜか血液型だけが違和感なく受け入れられてしまいます。これは、とても不思議なことではないでしょうか。

B型の悪いイメージ

先ほど紹介した山岡の調査では、B型の人は他の血液型に比べて、「誰かから血液型に関して不快なことを言われた」「血液型のため嫌われた」「血液型のためバカにされた」「血液型のため誰かと仲が悪くなった」「血液型を人に言うのがいやだった」「血液型のため誰かに差別された」といった、ネガティブな経験をしている人が統計的に有意に多いことが明らかにされています。

実は、B型のイメージが四つの血液型のなかでいちばん悪くなったのは、二〇〇〇年以降のことです。一九九〇年代初めのイメージ調査では、B型よりもAB型のほうが悪いイメージをもたれていました。ところが、一九九〇年代後半から、「AB型は天才肌、芸術家肌」というイメージがマスコミを通じて流されるようになり、またテレビ番組等でB型が悪いイメージで放送されることが重なったことから、二〇〇〇年代半ば以降では、AB型のほうがB型よりも良いイメージをもたれるように、徐々に変化していったそうです[1]。

もちろん、みなさんの中にも「私はB型に悪いイメージはもっていない」という人がいることでしょう。たしかに、全員がB型に対して悪いイメージを抱いているわけではありません。しかし、全体的にみると、やはりB型やAB型の血液型の持ち主に対するイメージは、O型やA型に比べると明らかに悪いものになっているといえるのです。

ブラッドタイプ・ハラスメント

いずれにしても、血液型は遺伝で決定し、さらに特定の血液型に対してはネガティブなイメージが付随しています。「そんなバカな」と思うかもしれませんが、血液型性格判断は、人種差別や性差別と同じ構造をもつのです。どれも、遺伝するものに対して良いイメージ・悪いイメージがつけられ「付き合うのがいやだ」「相性が悪い」と判断されるのですから。

社会心理学者の佐藤達哉は、特定の血液型に対してネガティブな発言が行われることによって不快感を生じさせることを、ブラッドタイプ・ハラスメントと呼びました[3]。

多くの人は、「血液型は気にしているけれど、まさか自分が差別なんかしているわけではないだろう」と思うのではないでしょうか。ところが、差別というのは「よし、やってやるぞ」と思ってするものではありません。「当たり前じゃないか」と思ってするものです。

〇〇人を差別する人が思うことは、「よし、今日から俺は〇〇人を差別してやる」ではなく、「〇〇人は劣っているのだから、こういう扱いをされて当然じゃないか。何をバカなことを言っているのだ」というものでしょう。

「B型が嫌いなのはしょうがないじゃないか。だって、自己中心的でいい加減なのだから」という台詞には、差別する気持ちと共通の構造があります。

暗黙の知能観

アメリカの社会心理学者ドゥエックは、暗黙の知能観という概念を提唱しています[4]。暗黙の知能観とは、自分の能力についてどのような考えをもっているか、ということを意味します。

この暗黙の知能観には、大きく分けて二種類のものがあります。ひとつは「固定的知能観」と呼ばれるものです。これは、自分の能力は生まれもったものであり、努力してもそんなに変わらないと信じることです。もうひとつは「増加的知能観」と呼ばれるものです。これは、自分の能力が努力次第で伸びていくと信じることです。

固定的知能観の持ち主は、失敗や混乱など良くない結果に直面したとき、これを自分の能力が欠けているためだと考えてしまいます。すると、とても落ち込んだり、抑うつ的にふさぎこんでしまったりしやすくなります。さらに、努力することはもって生まれた自分の能力を否定することになりますので、努力を避けようとします。

それに対して増加的知能観の持ち主は、失敗などの困難に直面すると、それをもっと努力すること、あるいは成功への別の方法を考えるべきことだと解釈します。そして、困難を取り除くためにもっと努力しようと考えるわけです。

ドゥエックたちは、子どもたちを対象にしてほめ方の実験を行っています。あるグループの子どもたちは「よくできたね、頭がいいね」と、彼らの能力をほめます。別のグループの子どもたちには、「よくできたね、頑張ったね」と、努力をほめるようにします。たったこれだけの声のかけ方のちがいを与えただけなのに、能力をほめた子どもたちは、新しくて、より難しい問題を避けるようになってしまいました。その一方で、努力をほめた子どもたちの多くは、新たな問題にチャレンジしていったのです。

このような知能観は、対人関係についてもいえることです。対人関係を増加的知能観としてとらえる人は、自分や相手、関係性そのものも努力次第で変化させていけると信じる傾向にあります。その一方で、対人関係を固定的知能観でとらえる人は、理想の相手は出会った瞬間から息が合い、それがずっと続いていくと信じる傾向にあります。

恋愛においても同じことです。恋愛を増加的知能観としてとらえる人は、困難に直面しても二人で助け合って問題を解決し、徐々に付き合い方のコツを身につけていくものだと信じています。それに対して、恋愛を固定的知能観でとらえる人は、恋愛関係は最初からすべてが自然にうまくいくのが当然だと思う傾向にあります。

血液型による相性判断は固定的知能観

さて、血液型で「相性が良い」「相性が悪い」ということは、典型的な「固定的知能観」のとらえ方だといえます。なぜなら、血液型を問題にする以上、その相性は「生まれつき」決まっていることになるからです。

このような考え方をもつ人は、血液型による相性が良ければ「うまくいくはず」だと判断し、相手との血液型の相性が悪ければ、ちょっとした出来事でも「やっぱり相性が悪いからだ」と判断してしまいます。

本来、対人関係の中では良いことも悪いことも、さまざまな出来事が生じるはずなのです。しかし血液型で相性が悪いと判断した相手とケンカや意見の相違が起きたときには、それを改善する方向に向かうというよりも、「最初から相性が悪いと決まっているから」と考えて、改善しようという努力が失われてしまいます。

このような対人関係を繰り返せば、対人関係のパターンが固定化していってしまうことでしょう。たとえば山岡の調査結果では、相性が悪いとされているA型とB型について、A型の人は「B型が嫌い」、B型の人は「A型が嫌い」と回答する割合が高いことが示されています。もちろん、全員がそうというわけではありません。しかし、このような現象が実際に生じてしまっていることについて、どう考えるべきなのでしょうか。

血液型と性格に関連はあるのか

さてここまで、実際に血液型と性格に関連があるかどうかを検証する話をしてきませんでした。本書はこれ以降、性格に関連するいくつかの疑問を取り上げ、それぞれについてじっくりと説明していきます。その内容を通じて、実際に関連が見込めるのかどうか、そしてどのような考え方をとるべきなのかを理解してもらいたいと考えています。

たとえば、「ある特定の遺伝子が性格をほとんど規定する」ということがあるのでしょうか。血液型の遺伝のしかたはわかっていますので、性格が血液型に関連するとすれば、それはある少数の遺伝子によって大きく性格のありかたが左右されることを意味します。

またこれまでに、数多くの性格の遺伝に関する研究が行われてきています。血液型と性格に関連があるという説は、それらの研究と整合するのでしょうか。

もっと根本的な問題もあると思います。いったい、性格とはなんなのでしょうか。性格と行動はどこがちがうのでしょうか。そもそも、「性格とはなにか」がわかっていなければ、それと血液型が関連する、といわれても何を関連させているのかがよくわからないものになってしまいそうです。

また、性格はどのように把握されるのでしょうか。「自分は○○な性格」「あの人は××な性格」などといいますが、正しい判断ができているといえるのでしょうか。どうやったら、性格を測ることができるのでしょうか。

次章から、これらの疑問についてひとつずつ考えていきましょう。

第一章　性格はどこにあるのか

パーソナリティ心理学とは

「私がなにを考えているかわかるのですよね！」

大学で心理学を専攻している学生であれば、一度は言われたことのある台詞です。

相手からこの台詞を言われたときには、たいてい「いやいや……そういうことはできないのだけれどねえ……」などと、言葉をにごしながら、できるだけ早くその場を立ち去りたい気分になったりするものです。

小説やテレビドラマに登場する心理学者は、なぜあんなに人の心が読めてしまうのでしょうか。相手の些細なしぐさや言葉の端々に注目し、「うそをついている」「本当の犯人はあいつだ」と当ててしまいます。

そういう小説を読み、ドラマを観ていれば、心理学を学ぶことで、相手が自分自身でも気づかないような奥底にある気持ちや考えや性格を、手に取るように読み取れるのではないかと思っても、しかたがないかもしれません。

特殊な能力

小説やドラマに登場する心理学者は、いわば「特殊技能」の持ち主です。相手の些細なしぐさからうそを見破ったり、犯人を推測したりすることができてしまいます。まるで、超能力者か霊能力者のようです。

しかし、ほとんどの心理学者はそういった特殊な能力を持ち合わせているわけではありませんし、心理学を学ぶ学生たちも、そのような技能を身につけるために大学で学んでいるわけではありません。全国の大学にある心理学科は、超能力者養成所ではないのです。

「心理学」という学問に対して、どこかに誤解があるようです。しかし、それは致し方ない面もあります。なぜなら、これから説明していくのですが、心理学は行動を観察しながら、その行動の背後にある心理的・生物的なプロセスを推測しようとする学問だからです。

ある意味で心理学は、行動から「ウラ」を読み取ろうとするといってよいでしょう。ただし、心理学を学んでいない人がイメージするやり方とは少しちがっています。特殊な技能の持ち主だけができるものではなく、心理学の研究手法を学べば、誰でもそこに近づいていくことができるようになるのです（ただし、近づくことはできてもかならず到達できるとは限りませんが……）。心理学部や心理学科、心理学のコースに入った学生たちが、授業で実験法や調査法の実習をし、統計学やデータ解析手法を学ぶのは、そのためです。

面接試験にて

人生の要所要所で、「面接」というテストが行われます。高校や大学の入試で面接試験を課す場合もありますし、大学でも、たとえば大学院入試や学位取得の際には、面接試験があります。就職活動をする学生たちは人事担当者と面接をしますし、職場を変わるときにも面接が行われます。

私も大学教員ですので、入学試験の面接官を何度もしたことがあります。多くの受験生を面接していると、面接の練習をしてくる受験生とあまりしていない受験生がいることがわかります。

面接の練習をしてくる受験生は、練習してきた質問に対してははっきりと、流暢に答えることができます。ところが、思わぬ質問をされるとしどろもどろになり、練習してきた質問に対する答えとそうではない答えとの落差がとても大きくなってしまうことがあります。あえて準備してきていないような質問をすることもあるのですが……。

一方で、面接の練習をあまりしてきていない受験生の受け答えは、さまざまです。よく受け答えができる受験生もいますし、押し黙ってしまう受験生もいます。

面接試験で試験官は、相手のどこをみているのでしょうか。

試験官が受験生を前にしてみることができるのは、あくまでも「行動」です。しかし、知りたいことは行動だけではない場合があります。このあたりのことを、どのように考えればよいのでしょうか。

「性格の明るさ」ってなに?

「私は暗い人間だ」「彼女は明るい人だね」という言い回しをすることがあるでしょうか。

私たちが「彼女は明るい人だ」というときの「明るさ」とは、いったい何を指しているのでしょう。私たちの体は、物理的に光っていたり、陰っていたりするのでしょうか。もしも私たちがいう「明るさ」が、物理的に生じる明暗のちがいであるならば、体に照度計を当てて「今のあなたは何ルクス」と測定することができるはずです。

たしかに、肌の色は個人によっても季節によっても異なりますし、化粧によって変えることもできるでしょう。しかし、私たちが「明るい人」というときの「明るさ」は、当然ながら物理的な明るさとはちがうもののようです。

では、物理的な明るさではなく「行動」だと考えるのはどうでしょうか。「明るい行動」とは、どのような行動でしょう。よくおしゃべりをする、いつも笑顔を絶やさない、声が大きい、といった行動でしょうか。これらの行動がたくさんみられるほど、「明るい人」というわけです。「明るさ」イコール「明るい行動の集合」ということです。たしかに、私たちは自分や他者の行動をみて、「この人はこういう人だ」と判断するでしょう。したがって、「明るさ」を「明るい行動の集合」と同じものだと考えることは問題がないように思えます。これで一件落着……となるのでしょうか。

たとえば、「明るい行動」イコール「明るさ」だと考えてみましょう。もしも行動だけを装うことができれば、その人は「明るい人物」だということになります。無理をしてよくおしゃべりをし、いつも笑顔を心掛け、ハキハキと大きな声で話すように演技しつづければいいのです。しかし、みなさんは疑問に思うのではないでしょうか。「その人の本当の姿はそうではないはずでは?」と。

性格をみることと行動をみること

「明るさ」という性格と「明るい行動」を切り離して考えてみましょう。

本当は明るい人でも、落ち込んで明るい行動をとることができないときもあります。また先の例のように、本当は明るくないのに無理に明るく振る舞うことも、うれしい出来事があって明るい行動をみせることもあります。ですから、性格と行動を別のものと考えてみるのです。

性格を、単に行動の集合体としてではなく、生体内と周辺環境とのダイナミックな相互作用システムとしてとらえる研究者がいます[1]。このような立場は、行動に影響を及ぼす要因のひとつとして性格を考えます。またこのような考え方は、性格を行動だけではなく、脳内のプロセスや生物学的なプロセスと結びつける可能性へと広がっていきます。

私たちが目にする「行動」は、行動が生じている状況と、個人がもつシステムとしての性格が影響した結果として生じたものである、と考えるのがよいかもしれません。

性格を言い表すさまざまな英単語

ところで、「性格」という言葉は、いつから使われるようになったのでしょう。ずいぶん昔から日本語として存在しているような感覚があるのではないでしょうか。「性格」という言葉がなかった昔には、みなさんが使っている「性格」という言葉の代わりに、どのような言葉を使っていたのか、不思議に思えてきます。

一九二〇年以前、アメリカではpersonalityという単語が、心理学ではなく、主に宗教や倫理的な文章で用いられていました。personality はラテン語の persona（仮面）という単語に由来します。その後、この単語は精神医学の特定分野で用いられるようになり、次第に、精神分析学や社会学へと用いられる分野が広がっていきました。そして、一九二〇年代から一九三〇年代にかけて、アメリカの心理学で personality という単語が用いられるようになっていったのです[2]。

アメリカで personality という単語が用いられるよりも前、主にヨーロッパの心理学では character や temperament という単語が、心理学的な個人差を表すために用いられていました。ちなみに character は、「刻みつけるもの」という意味をもつギリシア語に由来するそうです。なお、temperament という単語については、また後で説明することにしましょう。

まず、character という単語に注目しましょう。これは英語を話す人の感覚なのですが、character には「好ましい・良い・望ましい」というニュアンスが含まれているそうです。また、character には「個性的でおもしろい人」という意味もあり、"He is a character." という文章は「彼はおもしろいやつだ／個性的だ」という意味になるそうです。

それに対して、personality にはそのような「好ましい・良い・望ましい」といったニュアンスが含まれていないのだそうです。"He has a wonderful personality." という文章で「彼はすばらしい性格の持ち主だ」という意味になるのですが、personality そのものに「すばらしい」という意味はなく、wonderful という形容詞をつけて初めてそのような意味となります。

一九二〇年代にアメリカの心理学者オールポートが、これらの単語のニュアンスについて議論しています。それまで、character と personality は混在して使われていたのですが、オールポートは意味のちがいを明確化しました。そして彼は、心理学の研究において、望ましいという価値をともなうcharacterよりも、価値中立的なpersonalityを用いるほうがよい、と主張しました。そしてこの考え方が、急速に広まっていったのです。以前はcharacterという名前がついていた研究雑誌も、personalityを用いるように変化していきました。そして、今ではすっかり、"Personality psychology"とは言っても、"Character psychology"とは表現しなくなってしまいました。

翻訳の難しさ

さて、ここからは日本語の話です。

まず、temperamentという単語は明治時代に日本に入ってきて、明治時代後期に「気質」と訳されました。[3] また、characterという単語も比較的早く日本に入ってきて、「性格」という訳語があてられたようです。そしてその後に、personalityが日本に入り、「人格」と訳されました。「人格」という言葉自体が日本語に登場したのも、明治時代の半ばでした。

「気質（temperament）」という言葉については、現在の心理学でもおおよそ、そのままの意味で使われています。

問題は、「性格」と「人格」、そしてcharacterとpersonalityの使い分けについてです。

先に説明したように、現在の心理学ではすでにcharacterという用語は使われていません。しかし、日本の心理学では「性格」という言葉が現在も使われています。海外の心理学ではpersonalityという単語が非常に幅広い意味で用いられているのですが、日本では「人格」という言葉が同じように幅広い意味で用いられているかというと、そうではないように感じられます。

日本語の「性格」と「人格」の言葉のニュアンスを比較してみましょう。辞書を調べてみると、「人格」という言葉には「優れた人間性、人間性が優れていること」という意味が含まれていることが書かれています。たしかに、「彼は人格者だ」という文章にはそのことが現れており、「人格」という言葉を用いるだけで「優れた人物である」という意味になることがわかります。

その一方で、「性格」という言葉にはそのような「優れた人物」というニュアンスはありません。それは、「彼は性格者だ」という文章を読んでも意味がわからないこと、また「彼は優れた性格の持ち主だ」のように修飾する言葉をつけて内容を表現することからもわかるのではないでしょうか。

ここまで読んできて、気づいた人がいるかもしれません。英語の character と日本語の「人格」には「望ましい」というニュアンスが共通して含まれているのに対し、personality と「性格」にはそのようなニュアンスが含まれていないのです。つまり、明治時代には「character = 性格」「personality = 人格」と訳されていたのですが、実は共通するニュアンスは逆で、「character = 人格」「personality = 性格」と訳すほうが、意味が近いと考えられるのです。

このような複雑な経緯があるものですから、日本における"Personality psychology"は、言葉の意味にこだわってきたという歴史もあります。なかには、「性格」「人格」そして（カタカナの）「パーソナリティ」それぞれについて独自の意味を考案する研究者もいました[4]。

現在の心理学者においては、日本語としての言葉の意味やニュアンスにこだわる研究者と、どれも personality として扱えばよいと割り切って、あまり言葉の細かい意味にこだわらない研究者の両方が混在している状況です。

言い回しの問題？

細かい言葉の意味を考えるかどうかは別として、たしかに日本語の場合は単に言い回しにすぎないという側面があります。

たとえば、Minnesota Multiphasic Personality Inventory（ＭＭＰＩ）と、Maudsley Personality Inventory（ＭＰＩ）という性格検査があります。

ＭＭＰＩはアメリカの心理学者ハサウェイとマッキンリーによって作成された心理検査で[5]、世界中の臨床現場で最もよく使用されている質問紙検査だといわれています。ハサウェイとマッキンリーは、千以上にものぼる、数多くの質問項目を収集しました。そして、そこから約五〇〇項目の質問文と選択肢からなる心理検査を開発しました。さらに、正常な人々と精神科の患者たちに検査を実施しながら、検査内容を洗練させていきました。日本でも、一九六〇年代にこの検査の翻訳版が開発されています。また、現在では改訂版となるＭＭＰＩ－２が開発されています。

ＭＰＩは、イギリスの心理学者アイゼンクが作成した性格検査です[6]。アイゼンクは二〇世紀を代表するイギリスの心理学者の一人で、数多くの論文と書籍を執筆したことでも知られています（本書でもたびたび登場します）。ＭＰＩは、八〇の質問項目で構成されており、外向性と神経症傾向という基本的な性格次元を測定することができます。

これらいずれの性格検査も、日本語版が作成され、市販されています。その日本語名は、ＭＭＰＩ

が「ミネソタ多面人格目録」であり、ＭＰＩが「モーズレイ性格検査」です。これらは、いわば商品名です。日本で市販されている検査名が、このようになっているのです。

両者は、同じ personality を使っているにもかかわらず、その日本語訳は「人格」と「性格」で異なっています。Inventory の訳語も「目録」「検査」と異なっているのがおもしろいところです。最初の翻訳者の言い回しが、そのまま使われつづけているのでしょう。

近年では、このような訳語の混乱を避けるため、personality を「パーソナリティ」とカタカナで表現してしまうことも増えています。たとえば、以前 "personality disorder" は「人格障害」と訳されていたのですが、現在では「パーソナリティ障害」と記述されるようになっています。ミネソタ多面人格目録やモーズレイ性格検査は市販されている検査の商品名ですので、おそらくしばらくはこのままの名称で使われていくことでしょう。しかしいずれにしても、このような言葉の使い方をみても、日本語における「性格」と「人格」の言葉の使い分けは、絶対的に固定化されたものではないということがわかるのではないでしょうか。

性格はどこに

言葉の問題の経緯を振り返ると、「性格はどこにあるのか」という冒頭の疑問への回答が、一筋縄ではいかないものに思えてきます。

まず、性格は身体内のどこか（脳など）にあるというのが、ひとつの考え方です。脳の機能におけるパターンそのものを性格とするというのも、ひとつの考え方です。たとえば、物事を判断するスピードには、個人差があります。ゲームをやりはじめたとしても、みなが同じように上手になっていくわけではありません。そのような刺激に対する脳の反応の個人差のようなものを、性格として考えることもできるでしょう。

また、脳だけではなく、もっと身体全体の広い範囲に位置づけられるというのもひとつの考え方です。たとえば、体格によって性格は変わってくるのでしょうか。ドラマの登場人物をイメージすると、やせて背が高い人は神経質で人付き合いが苦手、太っている人は明るくて周りを盛り上げるような印象をもつ人がいるかもしれません。こういった、体全体の個人差が、性格の個人差にもつながるという考え方です。

あるいは、身体と周囲の環境との間で生じるやりとりのパターンに近いものを性格とする、というのもひとつの考え方です。たとえば、みなさんには毎日そこにいることが多い場所、というのがあるのではないでしょうか。それは、大学の食堂や、書店、コンビニエンスストア、自動車の中など、個人によってさまざまです。そしてそこでは、一定の行動がなされます。おなかが空いたときに食堂に行くか、それともコンビニエンスストアでサンドイッチを買ってきて一人で食べるかという個人差があり、その行動パターンのちがいを性格のようなものだとみなすこともできるでしょう。

さらに、身体そのものではなく、もっと無意識的な精神的はたらきが存在するという考え方もあるでしょう。たとえば、無意識的なエネルギーのようなものを想定します。体内のどこに、実際にそのようなエネルギーが存在しているかはわかりません。しかし、そのような無意識的なエネルギーを仮定することによって、人々のちがいを説明することができるかもしれません。

普段のなかでよく使う言葉であるだけに意外に思うかもしれませんが、実は「性格とはなにか」ということについて、完全な定義というものがあるわけではありません。研究者によっても、微妙に異なったものを想定している可能性すらあります。

とはいえ、それでは話が先に進みません。ここでは、行動と性格を分けて考えてみたいと思います。そのうえで、身体内のどこかで生じている、行動の個人差を生み出す心理的な機能の個人差を、「性格」と呼んでみましょう。しかし、まだ性格がなんであるかについては、多くの問題が残されていそうです。

パーソナリティ心理学とは

インターネットで大学の講義名を検索してみましょう。全国の大学で開校されている講義の名前には、「性格心理学」「人格心理学」「パーソナリティ心理学」といったものがあるようです。

今はそれぞれの授業のシラバス（授業概要）を、インターネット上で見ることもできます。大学の授業の場合、どの先生が担当するかによって内容が変わってきますが、基本的にこれらは、心理学の同じ領域を扱う授業だと考えてよいでしょう。それは広く言えば、人間の心のはたらきの個人差に注目した心理学の一領域のことです。

日本語の名称には、「性格心理学」「人格心理学」「パーソナリティ心理学」と、いくつかのものがあるのですが、これらはいずれも、"Personality psychology"という心理学の領域を扱う研究領域のことなのです。

これまでに説明したように、「性格」「人格」という言葉はそれぞれ、訳語として使われてきました。そして、用語の使われ方に混乱もありました。しかし近年ではそのような混乱を経て、「パーソナリティ心理学」という言葉が定着しつつある状況です。

本書では、日常的に使われているわかりやすい表現として、「性格」という言葉を使って説明していきます。しかし、説明の時々に応じて、他の表現を使うこともあります。

単に言葉の問題だと思うかもしれませんが、その背景には、歴史的な変遷があるということを頭にとどめておいてほしいと思います。

第二章　心理ゲームは深層心理を当てるのか

信頼性と妥当性

書店や図書館に行くと、心理ゲームの本が集まったコーナーがあります。小学生向けの本から大人向けの本までさまざまあり、おまじないの本や占いの本と同じように、心理ゲームの本も一定の人気を集めているようです。

心理ゲームのおもしろさは、「簡単な質問に答えるだけで、自分でも気づいていない、思わぬことが明らかになる（ような気がする）」という点にあるのではないでしょうか。考えてみればそれは、些細なしぐさから犯人をズバリと言い当てる、ドラマに登場する心理学者の役割と似ています。

「自分のことをよく知りたい」あるいは「相手のことをよく知りたい」という気持ちは、多くの人がもつようです。その手軽な手段のひとつとして、心理ゲームがあります。もっとも、それが本当にうまく自分や相手を知ることに結びついていればよいのですが……。

そもそも、章見出しの「深層心理」とは何のことでしょうか。おそらくこの場合では、人間の心の奥底に、自分でも気づいていない本当の特徴が眠っており、心理ゲームを通じてそのことに気づくことができるのではないか、と考えているのでしょう。はたしてそういうことは可能なのでしょうか。

測定するということ

現代の日常生活では、何かを「測定」「検査」「調査」するという場面に数多く直面します。学校では試験がありますし、進学するときも会社に入るときも試験をします。車の免許を取るにも、医師や看護師、弁護士など特殊な職業に就く場合にも、公務員になるにも試験が必要です。このような試験も、何かを測定してから、ある基準に基づいて合否を判断するものです。

それ以外にも、たとえばダイエットを気にすれば体重計に乗りますし、メガネやコンタクトレンズをつくりにお店に行けば視力検査をすることになります。健康診断では血圧や血液検査、検尿など多くの検査項目が測定されますし、冬に熱が出て病院に行けば、インフルエンザにかかっているかどうかを検査します。

ほかにもあります。たとえば、年末の紅白歌合戦では赤組が勝つか白組が勝つかを審査しますが、これもどちらが良かったかを測定することで判定を下すものです。お笑い番組では審査員が得点をつけて勝ち負けを判定しますし、テレビ番組自体が視聴率という測定によって評価されています。また新聞にも、毎週のように内閣支持率や世論調査の結果が掲載されます。

このようにみてくると、世の中には数多くの種類の検査や調査があり、多くの側面の物事が調査されていることがわかります。このなかには、身長や体重のように、物理的な量でわかりやすいものの測定から、「おもしろさ」のようによくわからないものの測定まで、さまざまな種類が含まれています。

雑誌などに掲載されている心理ゲームも、何かを「測定」しようとしているはずです。いったい、何を測定しようとしているのでしょうか。

運動能力を考える

いきなり性格の測定について考える前に、別のもので考えてみましょう。

たとえば、小学校や中学校で運動能力テストをした経験があると思います。五〇メートル走や走り幅跳び、ボール投げ、握力や背筋力の測定、体前屈や上体そらしなど、複数のテストを行って合計得点を出し、運動能力を測定するテストです。

では、なぜあのテストは「運動能力を測定している」といえるのでしょうか。

「運動をして得点を出しているのだから、運動能力を測定しているのが当然ではないか」と考える人がいるかもしれません。しかし、テストしていない運動能力、たとえば平泳ぎの能力や、キャッチボールの能力などは無視してもよいのでしょうか。平泳ぎがうまく泳げることもキャッチボールがうまくできることも「運動能力の一部」であるはずなのに、それはテストされていません。他にも多くの種類の「運動」があるはずであり、それらを完全に網羅されていなければ完全なテストとはいえないのではないでしょうか。

逆に、運動をして得点を出しているにもかかわらず、運動以外の能力を測定する場合もあるのではないでしょうか。たとえば、スポーツを題材とした映画の、主人公を決めるオーディションを思い浮かべてください。そのオーディションで運動をさせる目的は、運動能力そのものを測定するというよりは、運動をしている姿がスクリーンに映えるかどうか、かっこよく美しく身体が動いているかどうかを判断するためであるかもしれません。

そもそも、「運動能力」というのはどこに存在するのでしょうか。速く走れたり遠くまで投げることができたりする「能力」というものは、どこかに「ある」ものだといえるのでしょうか。たしかに、筋肉が人より多いとか、骨格が人より大きく丈夫だとか、循環器系の効率が良いとか、運動に関連する脳神経系統が効率的であるとか、そういった肉体的な特徴は物理的に存在していることでしょう。しかし、「運動能力」という「もの」が存在しているわけではありません。「運動能力」は肉体的な特徴に関連してはいますが、そのものは直接的に観測することも手に触れることもできない「概念」なのです。

このような、直接観測することができない、理論的に仮定される概念のことを「構成概念」と呼びます。運動能力はそのひとつの例なのですが、実は性格や知能、学力など心理学で扱う多くの概念は構成概念だといえます。性格も知能も学力も、そのものは物理的に存在しておらず、直接触れることも見ることもできない、理論的に仮定された概念なのです。

目に見えないものを測定するには

さてここからが問題です。目に見えないものをどうやって測定するというのでしょうか。しかし、目に見えないはずの運動能力も知能も学力も、実際に測定されています。そこには、どういう理屈があるのでしょうか。

最も重要なことは「妥当性」と呼ばれるものです。妥当性とは、目に見えない構成概念を、たしかに測定できているという程度を意味します。言い換えると、妥当性のある測定用具とは、測定したいものを測定できている用具だということです。

運動能力テストが「運動能力」をちゃんと測定できているというため（つまり運動能力テストに妥当性があるというため）には、妥当性の検証という作業をする必要があるのです。

内容に注目

妥当性には、いくつかの種類があります。まず、測定に利用するテストがたしかに運動能力を過不足なく測定しているのだという「内容的妥当性」です。

運動能力テストのなかに英語の発音テストが入っていたり、数学のテスト内容が入っていたりすれば、「それは運動能力を測るものではない」とすぐにわかります。また、「運動能力テスト」であるにもかかわらず、走る競技ばかりでテストがつくられていれば、「それは足の速さのテストであって運動能力全体を測っているわけではない」ということができるでしょう。

それらしいものを測っているにもかかわらず、本来測定すべきものとはズレている、という場合もあります。

たとえば、テレビ番組で、世界一の視力の持ち主を決めるというコンテストをするとしましょう。世界各地から、視力自慢（？）の人々が集まります。視力を普通に測定していてはテレビ番組としておもしろくありませんので、ビルの屋上にいる人物のジェスチャーを遠くから見て、まねしてもらうことにしました。日本人の参加者が、遠くのビルの屋上にいるアシスタントのジェスチャーを見ます。そして、見事にまねをすることができました。見ることはできたのですが、ジェスチャーの意味がわかりません。次に、アフリカからやってきた参加者が、遠くのビルの屋上にいる人物を見ます。見ることはできたのですが、ジェスチャーの意味がわかりません。なんとか格好をまねするのですが、日本人の参加者のようにうまくまねることができず、負けてしまいました。

実は、本当はそのアフリカの参加者は、ジェスチャーが見えていたのです。しかし、そのジェスチャーは、日本人にはなじみのあるものだったのですが、アフリカ人にとっては初めて見るジェスチャーだったのです。だから、うまくまねをすることができなかったというわけです。

この例の場合、たしかに一定の範囲で視力を測定することができています。しかし、それに加えて、日本で知られるジェスチャーの知識も測定してしまっていることになるのです。余分な範囲を測ってしまっているという観点からいえば、このケースは内容的妥当性に問題があると考えられます。

関連に注目

次に、運動能力テストが他の実際の競技のレベルと関連するかどうか、ということを問題にする妥当性の考え方です。運動能力テストで高い点を取る生徒は、低い点しか取れない生徒よりも、部活動で活躍していたり、選抜チームの選手に抜てきされていたり、運動会のリレーの選手になったりと、実際の運動場面で活躍することが予想されます。実際にそのような運動能力テスト以外のパフォーマンスとの間に関連があるかどうかを検討することを、「基準関連妥当性」の検討といいます。

ここでいう「基準」とは、テスト以外に存在する、その構成概念を多く（少なく）もつことによって当然生じ得る現象や結果のことです。運動能力テストであれば、実際の運動場面での活躍の程度が、一種の基準となるのです。

さらに、この基準関連妥当性に用いる基準には、時間的な前後関係によって二つの内容が含まれています。ひとつは、テストとほぼ同時に得られている基準であり、もうひとつはテストの後に得られる基準です。これは、運動能力テストとほぼ同時段階での部活動の活躍の程度を基準とするか、将来の部活動の活躍の程度を基準とするかというちがいです。前者のように、テストと同時に得られる基準を用いる場合を「併存的妥当性」、後者のようにテストと将来の基準との関連を検討する場合を「予測的妥当性」といいます。

就職時や転職時に、多くの人々が受ける就職適性検査という検査があります。「適性」とは、何かの目的に適した資質や能力のことです。もしも、ある適性検査が、特定の職種でうまく仕事をこなすことができるような資質を「予測」する目的で開発されているのであれば、本当にうまく予測できるかどうかを検討しておく必要があります。たとえば、ある職種を希望する多くの大学生に、検査を実施します。そして、実際に職に就いた後で追跡調査し、適性検査が実施された学生時代に高い（低い）得点を取った者ほど、その職業でうまくやっていける（やっていけない）ことが予測できるかどうかを検討するのです。このような手続きは、予測的妥当性の検討といえます。実際に使用されている適性検査が、このような妥当性の検討を行っているかどうかは……調べてみるべきですね。

概念に注目

さて、運動能力が高いことによって当然起こりうること、というのはさまざまあるはずです。たとえば、運動能力テストの高い生徒は低い生徒よりも、体育の成績が良いと考えられます。また、運動能力テストの高い生徒は低い生徒よりも運動場面で活躍するので、クラスメイトの人気を集めているかもしれません。

その逆に、運動能力テストとは関連しないはずの物事、というものもたくさんあるはずです。たとえば、国語や英語のテストはあまり運動能力とは関連しないと予想されますし、読書量や音楽の趣味なども運動能力とは関連しないと予想されます。

このように、あるテストに関連すべきものは関連し、関連しないはずのものは関連しないということを明らかにすることを、「構成概念妥当性」の検討といいます。なおここで、関連するはずのものと実際に関連することを示すことを「収束的妥当性」の検討といい、関連しないはずのものと実際に関連しないことを示すことを「弁別的妥当性」の検討といいます。

基準関連妥当性と構成概念妥当性の区別は、やや曖昧です。基準として何に注目するかによって、基準関連妥当性とも構成概念妥当性ともいえてしまいそうです。ですので、構成概念妥当性がすべての妥当性を包括する概念であるという研究者もいます。

テストの目的も重要

妥当性を考える際にもう一つ重要な視点は、「何を目的としているか」です。運動能力テストは、何のために行うのでしょうか。そのテストが、生徒の運動能力を測定するためであるのか、部活動の入部試験であるのか、日本代表選手を決めるための試験であるかによって、「何をもって妥当とするか」が変わってきます。日本代表のサッカー選手を決めることを目的とするのであれば、小中学校で行われる運動能力テストよりも、普段の試合での活躍ぶりを観察することのほうが「妥当な検査」となることでしょう。

逆に、中学生の運動能力全般を測定したいのであれば、サッカーの試合で活躍できるかどうかだけを見ていては妥当性に不足しており、やはりさまざまな運動のテストをおりまぜた全体的なパフォーマンスを測定することのほうが重要になってきます。

妥当性に注目すると……

これまで、「運動能力」の測定を例に紹介したさまざまな妥当性について、表2－1にまとめてみました。いずれにしても重要なことは、次のことです。それは、「ある特性を測定しようとする性格検査が、ちゃんとその特性を測定できているかどうかは、妥当性の検討をしてみないとわからない」ということです。そして心理学においては通常の場合、その情報は論文（や書籍など）で公表されています。逆にいえば、その情報が公表されていない検査の妥当性は、疑ってかかったほうがよいということになります。

テレビ番組でお笑いの審査をしていて、「何か納得できない」と思ったときには、その妥当性を考えてみるとおもしろいかもしれません。審査員のメンバーがお笑いの専門家といえるかどうか（内容

表2-1 「運動能力」をたしかに測定していることを検証するために

妥当性の種類	説　明	運動能力の場合
内容的妥当性	測定したい概念を過不足なく測定できているか	測定したい運動能力全体を定義し、その内容が全体的にテストに含まれているかどうかを判断する（専門家の判断等）
基準関連妥当性		
併存的妥当性	テスト結果に当然関連すると考えられる、テストと同時に得られる他の基準・現象と関連しているか	運動能力テストと、現在の部活動での活躍ぶりとの関連を検討する
予測的妥当性	テスト結果に当然関連すると考えられる、将来得られる他の基準・現象を実際に予測できているか	運動能力テストが、将来の部活動での活躍ぶりを予測するかどうかを検討する
構成概念妥当性		
収束的妥当性	テスト結果に関連するはずの事象が、実際に関連しているか	運動能力テストと体育の成績との関連を検討する
弁別的妥当性	テスト結果に関連しないはずの事象が、実際に関連していないか	運動能力テストと国語や英語の成績との関連を検討する

注）構成概念妥当性は妥当性そのものを意味することもあり、他の「○○妥当性」の検証は、すべて、構成概念妥当性の証拠となりえる

的妥当性）、会場がウケているときに高い点が出て、ウケていないときに低い点が出るか（基準関連妥当性）、優勝したお笑い芸人は、その後活躍できているか（予測的妥当性）、結果が出た後で、ネット上で非難轟々《ひなんごうごう》の嵐になったりしないだろうか（構成概念妥当性？）などなど、考えてみると興味深いと思います。

測定に不可欠なもうひとつの視点

次に、性格を測定する際のもうひとつの視点について説明したいと思います。

あなたはどういった人を「信頼できる」と感じますか？

言うことがコロコロと変わったり、頼みごとをして「わかった」と言ってくれたのにいつまで経ってもやってくれなかったり、「みんなのためだから」と言われてやったことが実はその人だけの利益になっていたり……ということが

あると、「こいつは信頼できない」と思うのではないでしょうか。

では、何かを検査で測定するときの「信頼できる」ということも、同じようなことなのでしょうか。測定したのに内容がコロコロと変わってしまったり、いつまで経ってもちゃんと測定できなかったり、「ちゃんと測定できますよ」というふりをしながらほんの一部分だけしか測定していなかったり……ということなのでしょうか。

これまで説明したように、心理検査の「妥当性」とは「測定したいものが測定できているか」という問題を扱います。それに対して「信頼性」という言葉があります。

ただし、一般的な「信頼できる」「信用できる」というニュアンスとはややちがう意味かもしれません。心理学において「信頼性」とは、「安定して測定できているかどうか」という問題を扱うことです。

何かを測るときに、かならずしも安定して測定できるとは限りません。身長を測定するときにも体重を測定するときにも、学力試験でも面接試験でも、どこかにズレが生じたり、何かのはずみでうまく測れなかったりすることがあるものです。しかし、それがあまりに大きくなると問題が生じます。

誤差を分ける

少し変な疑問なのですが、体重というのはどこまでが体重なのでしょうか。

たとえば、肺に空気を思いきり吸い込みます。肺の中には空気が入り、その分だけ体は重くなるはずです。その空気の分は「体重」に含まれると考えるべきでしょうか。あるいは、体重計に乗る前に水を一〇〇cc飲んだとします。水は胃の中に入っていくのですが、まだ体には吸収されておらず、水として胃の中にそのまま存在しています。その状態の水は、体重に含まれるべきなのでしょうか。また、湿度が高いときには、体中の体毛が湿って重くなることでしょう。その重みも、体重に含まれるべきでしょうか。

体重に影響を及ぼすであろう、これら以外の要因も考えられます。たとえば体重計の中にあるセンサーが温度や湿度によって影響を受けていたらどうでしょうか。素っ裸で体重計に乗ることは、身体検査ではあまりないと思うのですが、ということはいくら体重計を調整していてもかならず、測定された体重は着ている服の重さから影響を受けるはずです。

ここでもし、「真の体重」と「誤差」を分けることができれば、問題はある程度解決します。体重計に乗って測定された数値は、真の体重と、数多くのさまざまな要因から影響を受ける誤差とが合わさった数値です。ただし、「真の体重」は誰にもわかりません。これは大きな問題です。

ひとつの解決策は、「繰り返し体重計に乗ること」です。一時間おきに何度も、体重計に乗ってみましょう。もちろん、一日のなかでも体重は変動しますが、何度も体重計に乗った結果を平均すれば、より真の体重に近づくことができるはずです。ただしこの方法では、その日だけに生じている特別な要因は排除できませんので、何日間も繰り返すとより真の値に近づくと考えられます。また、この方法では、服の重さの要因をうまく除くことが難しいといえます。

どこまで誤差があることを許すか、ということを考えておくことも解決策のひとつになります。体重を測るときに、「一グラムまで確実に測らなければいけない」と思ってしまうと、微妙な体重のかけ方や些細な動き、自然に呼吸から排出される水分などの影響で、刻々と数値が変化してしまい、いつまで経っても測定し終えることができなくなってしまいます。そこで、「まあ〇・一キログラム（一〇〇グラム）までは測るけれど、それ以下の誤差は目をつぶろう」としておくわけです。

信頼できる体重計・信頼できない体重計

体重計に目を向けてみましょう。信頼性の高い体重計というのは、体重計の機械の中で生じる余分な誤差が少ない体重計ということです。湿度や温度の変化があったとしても、機械が影響を受けにくいということです。ということは、信頼性の高い体重計というのは、身体や衣服の状況が同じであれば、繰り返し乗ったときにほぼ同じような値を示す体重計である、ということができます。逆に、信頼性に欠ける体重計というのは、乗るたびにまったく異なるバラバラな値を出力してくる体重計というわけです。

ひとつの体重計に乗るという前提で話を進めてきましたが、もうひとつのやり方があります。それは、複数の種類の体重計を用意して、それぞれで体重を測って平均化するというやり方です。バネによって測定する体重計、おもりによって測定する体重計、センサーによって測定する体重計など、複数の機構の体重計があるとよいでしょう。いずれも体重を測定することには変わりはないのですが、それぞれに得意不得意がありそうです。それぞれで体重を測って平均値を算出すれば、互いに欠点を補い合って、より真の値に近い体重の数値が算出されるかもしれません。

五種類の体重計を用意して体重を測定し、数値を平均する。このような「体重測定キット」を用意

表 2-2 「体重」の測定値が「真の値」に近いことを検証するために

信頼性の種類	説　明	体重計の場合
再検査信頼性	ひとつの検査ツールから得られた値が、時間的に安定しているか	繰り返し同じ体重計に乗り、測定値を平均する 測定値の変動の少なさに注目する
内的整合性 （内的一貫性）	複数の検査ツールから得られた値が、同様の値を示しているか	複数の体重計で得られた測定値を平均する 互いの値が近い値であることに注目する

したとしましょう。そのとき、この体重測定キットの信頼性はどこに表現されるのでしょうか。それは、五種類の体重計が同じような値を示すことに現れるはずです。もしも五つの体重計がバラバラな値を示すようであれば、その体重測定キットの信頼性は高くない、と判断されます。

ここまで、体重を例に信頼性について説明してきましたが、信頼性には大きく分けて二種類のものがあるということが理解できたのではないでしょうか。最初の信頼性は、ひとつの体重計に何度も乗るというものでした。このような時間的な安定度に注目する信頼性のことを「再検査信頼性」といいます。それに対し、複数の体重計を用意してそれぞれの体重計どうしが互いに同じような動きをするかどうかに注目する信頼性のことを「内的整合性（内的一貫性）」といいます。この両者はともに、信頼性の意味する「真の値と誤差との関係」を表現しています（表2－2）。

信頼性と妥当性の関係

信頼性と妥当性の関係については、どのように考えることができるでしょうか。

基本的に、信頼性は妥当性の前提となるものだと考えておけばよいと思います。

もう一度体重計を例に出しますが、乗るたびに五五キログラム、六〇キログラム、四〇キログラムと異なる値を出す体重計は信頼性に欠ける体重計だということでした。このような体重計の場合、出てくる数字が体重かどうか以前の問題として、数字自体が信頼できないのです。

体重計を例にして話を進めてきましたが、心理検査でも同じことがいえます。ある性格を測定するために用意した検査の信頼性は、まず繰り返し測定したときにある程度同じような数値が出てくるのか（再検査信頼性）、第二に、心理検査に含まれている複数の質問が同じような方向性の値を示すかどうか（内的整合性）によって確認されます。これら信頼性の情報は、妥当性の情報とともに、その検査のマニュアルや論文に公表されているはずです。もしも、何かの検査を使う必要に迫られたときには、ぜひ確認してみるとよいでしょう。どこを見たらいいのかわからないときには……最寄りの心理学者に相談、でしょうか。

ある心理ゲームを例に

ここまでの説明でみてきたように、ある検査がちゃんと機能するかどうかは、信頼性と妥当性が検討されているかどうかにかかわってきます。たとえ測定したいものが「心の奥底に眠っている自分でも気づかない特徴」だとしても、ちゃんとそれを測定できていること（妥当性）が示されているのであれば、その検査（心理ゲームでもたとえ占いでも）は役に立ちます。逆に、それが示されていなければその検査が役に立つかどうかは不明なままですので、その検査結果を過信することは「間違い」のリスクを抱えることになります。

たとえば、ある本に(1)、次のような心理ゲームが載っています。

あなたは司会者です。仕事をするなら、次のうちどのジャンルを担当したいですか?

(A)テレビ番組の司会者
(B)パーティやイベントの司会者
(C)結婚式の司会者
(D)ラジオ番組の司会者

この心理ゲームでは、なんと「あなたが今まで結婚できなかった理由」がわかるそうです。あなたは(A)から(D)のうち、どれを選んだでしょうか。

(A)のテレビ番組の司会者を選んだあなたは、関係を育む前に結論を出すために結婚できない人です。テレビは外向性と客観性の表れであり、恋人との関係を育む前に自分で結論を出してしまう傾向にあるそうです。

(B)のパーティやイベントの司会者を選んだあなたは、周りに流されやすいために結婚できない人です。社交性がありますが、対外的な印象を気にする人で、自分の気持ちよりもその場の状況に流されて決断してしまうそうです。

(C)の結婚式の司会者を選んだあなたは、自分の気持ちを抑えてしまうために結婚できない人です。結婚式は信頼関係の表れであり、信頼関係を重視するあまり良識にとらわれすぎ、変化を恐れてしまうそうです。

（D）のラジオ番組の司会者を選んだあなたは、こだわりすぎるために結婚できない人です。内向的ですが、その一方でなんでも把握したいという願望をもち、相手の過去についてなんでも知りたがるなどこだわりすぎることでうまくいかないそうです。

いかがだったでしょうか。未婚の方は、参考になったでしょうか。

この心理ゲームが使えるものであるかどうかは、信頼性と妥当性にかかっています。

信頼性を検討する

信頼性については、四者択一の質問項目ですので、再検査信頼性によって検討することができそうです。つまり、多くの人にこの心理ゲームを一度やってもらい、一カ月後くらいにもう一度やってもらいます。多くの人が一カ月後も同じ選択肢を選ぶようであれば、信頼性が高いとみなすことができるというわけです。「時と場合によって答えは変わるのではないですか」と思う人がいるかもしれませんが、ここで測定されている内容は「結婚できない理由」です。結婚できない理由が一カ月程度でコロコロと変わってしまうのは問題ですので、再検査信頼性を検討することに意味はあると考えられます。

「一カ月程度だと、前に何を選んだか覚えているのでは」と考える人もいるかもしれません。たしかにそれは考えられます。そこで、少し工夫してみましょう。たとえば、回答の間隔を数年間に伸ばしてみてはどうでしょうか。やはり測定される内容は「結婚できない理由」ですので、数年間隔でそれほど簡単にコロコロと変わってしまうのも問題だと考えられます。

あるいは、同じような心理ゲームを百問くらい用意するのです。本当に信頼性を知りたい心理ゲームはこれひとつだけ、あとの九九問はダミー（見せかけの質問）です。百問も心理ゲームを繰り返せば、どの選択肢に回答したのか、一カ月後には忘れてしまうかもしれません。それでもなお、一カ月後も皆が同じ選択肢に回答するようであれば、再検査信頼性は高いと判断することができそうです。

妥当性を検討する

では次に、妥当性についてはどのように検証していけばよいのでしょうか。

ひとつの検証のしかたは、（A）から（D）の選択と、他の心理検査（性格検査）との関連を検討することです。たとえば先ほどの説明を読むと、（A）の選択肢は外向性に関連するようです。そこで、（A）を選択する人は、他の選択肢を選ぶ人よりも、性格検査のうち外向性の得点が高くなると予想されます。同じように、（B）は社交性や対外的な印象を気にする人だということですから、この選択肢を選ぶ人は他の選択肢を選ぶ人よりも、協調性や承認欲求、評価懸念という性格特性の得点が高いと考えられます。また、（C）は自分の気持ちを抑制したり、良識を重視したりする人だということですので、この選択肢を選ぶ人は他の選択肢を選ぶ人よりも、自己制御傾向の得点が高かったり、自己主張性の得点が低かったりすることが予想されます。そして、（D）は内向的でこだわる人だということですので、この選択肢を選ぶ人は他の選択肢を選ぶ人よりも、外向性の得点が低くなり、もしかすると強いこだわりという点から強迫傾向の得点が高くなるかもしれません。（A）から（D）

までの選択に対して、これらのような既存の性格傾向を測定する指標との関連が実際のデータにおいてみられるようであれば、一定の範囲で妥当性が検証されたことになるでしょう。

もうひとつの検証のしかたは、実際の行動との関連を検討することです。たとえば（A）には、「恋人との関係を育む前に自分で結論を出してしまう傾向にある」と書かれています。ということは、実際の恋愛関係のなかで、（A）を選ぶ人にそのような行動の傾向が観察されるはずです（同時に、他の選択肢を選ぶ人にはそのような行動があまり観察されないことも確認しておく必要があります）。あるいは、恋愛をしている相手には、自分で結論を出してしまうような行動が観察されているはずですから、恋愛相手に質問をしてみてもよいかもしれません。このように、他の心理検査との関連を検討するだけではなく、実際に予想される行動が観察されるかどうかを検討することも、妥当性の検証にとっては重要なことなのです。

「深層心理」の妥当性とは

心理ゲームには、「あなたの深層心理を当てる」といった言葉がよく書かれています。この「深層心理を当てる」とは、いったいどういうことなのでしょうか。

学問的に深層心理という言葉を使うときには、フロイトやユングに代表される精神分析学的な理論のことを指すといえます。しかし、心理ゲームの「深層心理」には、「自分でも気づいていない自分の心の動き」や「新たに発見される自分自身の姿」といった意味があるのではないでしょうか。

さて、「自分でも気づいていない自分の心の動き」がどこかにあると仮定しましょう。自分自身で気づいていないにもかかわらず、その心の動きが「ある」とするためには、どうしたらよいのでしょうか。

ここに、そのような本人にも気づかない心の動きを測定できる検査があるとしましょう。その検査の妥当性は、どのように確認することができるでしょうか。

たとえば、そのような深層心理は、本人は気づかないのですが、行動や態度、表情として面《おもて》に現れるかもしれません。もしもそうであるならば、検査の結果と、実際に現れた行動や態度、表情との関連が生じるはずです。さらに、もしも観察者が一人だけではなく複数おり、同じような結果を残すのであれば、それはより確実な妥当性の証拠となり得ます。

ただしそれは、深層心理そのものではありません。検討できるのはあくまでも、その深層心理をもつのであれば面に当然現れると仮定される行動や態度であり、その「当然現れるはず」という部分が間違っていれば、この妥当性の検証そのものが誤りとなってしまいます。

さて、「深層心理を当てる心理ゲームを行って、その結果に本人が納得できれば妥当性がある」と言う人がいるかもしれません。この考え方はどうでしょうか。

深層心理を当てる心理ゲームを行い、「あなたにはこんな深層心理があります」と結果を示すとします。結果を示された人は、「ああ、たしかに」と納得できるものなのでしょうか。その深層心理は、本人も気づかないようなもののはずです。本人が気づかないものなのですから、結果を示されても、それが本物かどうかをどうやって判断するのでしょうか。もしかしたら、結果が正しいから「たしかに」と思うのではなく、単にあり得そうだから「たしかに」と思うだけなのかもしれません。

「深層心理を当てる」ゲームについて、よくよく考えていくと、そこにはさまざまな問題があることに気づきます。

心理ゲームの妥当性は検証されているのか

いずれにしても、この心理ゲームでは、信頼性や妥当性は検証されているでしょうか。おそらくされてはいないでしょう。そういう意味で、この心理ゲームがあなたの深層心理を見抜いてしまえるかどうかは「不明」です。おそらく、あまり見込みはないでしょう。しかし、ここで示したような仮説を立てて検証することは、心理学を学んだ大学生であれば簡単にできることですので、ぜひやってみてほしいと思います。

なお、もし見た目が心理ゲームのようなものだったとしても、信頼性と妥当性が一定の基準を満たすようなものであるならば、そして使いやすいものであるならば、心理学者は喜んでそれを使うことでしょう。「ゲームだからダメ」ではないのです。信頼性と妥当性の情報が足りないから使えないのです。

もしこの本を読んでいるあなたが、どこかの大学の心理学科の学生であるならば、卒業研究で心理ゲームの信頼性と妥当性の研究をしてみてはどうでしょうか。きっと勉強になるでしょうし、もしかしたら「使えるツール」にめぐり会えるかもしれません。

完全に当てるゲームは危険？

一九六〇年代終わりから一九七〇年代に活躍したイギリスのコメディ・グループ、モンティ・パイソンに『殺人ジョーク』というコント（モンティ・パイソンではスケッチと呼ばれています）があります。

第二次世界大戦中、売れない作家がある会心のジョークを開発します。紙に書き、自分で読んでみるとおもしろくて、そのおもしろさが度を過ぎてしまい、笑い死んでしまいます。なんと、そのジョークを読んだ人は、次々と例外なく、笑い死んでいってしまうのです。そうなるとこれは、ジョークであっても立派な兵器になってしまいます。確実に読んだ人に死をもたらすのですから。そこで、この原稿を軍隊が回収し、戦争に使用されるようになっていく……というナンセンスなストーリーです。詳しく知りたい人はＤＶＤ等で観てください。

さてここで、『完全に一〇〇パーセント診断できる心理ゲーム』が存在したとしたらどうなるでしょうか。たとえば、先に示した心理ゲームで（Ａ）を選べば、かならず「関係を育む前に結論を出すために結婚できない人」であり、それ以外では絶対にないとしましょう。それは深層心理ですから、本人の意志とはまったく関係なく、選べばかならずそうなるのです。

はたしてそれは、ゲームや話題づくりとして気軽に楽しめるものなのでしょうか。もっと深刻な問題にならないでしょうか。なぜなら、絶対に当たる心理ゲームというのは、人間の決定的な分類を可能にするものになってしまうからです。それは、肌の色や人種、性別、国籍などと同じ扱いのものになります。一〇〇パーセント当たるのですから、ある診断が下ればそれ以外にはなり得ないのです。

本人がどうあがいても、そこから抜け出すことはできません。完全な予言と同じなのですから。

もしもそんな「ゲーム」が存在するなら、それはモンティ・パイソンの殺人ジョークと同じように危険な存在です。そのような「ゲーム」は、雑誌に載って多くの人の眼に触れるべきではなく、できれば専門家の管理下に置かれるべきです。そして、そのゲームをして不利益を被るような人が存在しないように、扱いは慎重にすべきです。

心理学で用いる検査については――良いことか悪いことかはわかりませんが――一〇〇パーセント診断できるようなものは存在しません。もちろん、一定の確率で本当に知りたいものを測定しているはずであり、そういった信頼性や妥当性の情報は、論文や書籍に書かれています。また、なかには病理的な傾向を測定するものもありますので、やはり専門家の管理下に置かれているものもあります。論文や書籍をしっかり読まないと、適切な使い方がわからないものもあります。

心理ゲームには信頼性や妥当性の情報がありませんので、「当たるかどうかわからないもの」です。しかし逆説的ではありますが、心理ゲームは「当たるかどうかわからないもの」だからこそ、ゲームとして楽しめるのではないのでしょうか。あくまでもゲームとして割り切っておくことが重要だと思います。

第三章　人間はいくつの種類に分けられるのか

性格の類型論

たまたま、いま手元に、世界のチーズがカタログ形式で掲載されている本があるので中を開いてみました[1]。

そこにはチーズが大きく「ナチュラルチーズ」と「プロセスチーズ」に分類され、さらにナチュラルチーズは「フレッシュタイプ」「白かびタイプ」「ウォッシュタイプ」「シェーヴルタイプ」「青かびタイプ」「セミハードタイプ」「ハードタイプ」の七種類に分類できることが示されています。チーズは世界中それぞれの土地で、工夫してつくられてきました。また、どこかでつくられたおいしいチーズをまねしたものもあることでしょう。チーズには数多くのさまざまな味や形のものがあるのですが、それらを整理するときには「分類」という作業がなされるのです。

「分類する」という行為は、人間が普通にもつ認識の傾向であり、昔から学問は「分類」をベースに行われてきました[2]。生物図鑑を開いてみれば、そこに書かれているのは動物や植物を「分類」した結果です。「わける」という言葉が「わかる」に通じるように、「分類」することで人は「わかった」という感覚を得られるようです。

類型論と特性論

性格を把握するときには、二つのやり方があります。

ひとつは、人々をいくつかの種類に分類するという方法です。これを「類型論」といいます。クラスメイトを「明るい人」「やさしい人」「内気な人」に分ければ、それは類型論による性格の把握になります。また、あるグループに分けられた人々に典型的な性格を表現することもあります。「こういうタイプの人は○○な性格」という表現がそれにあたります。この章では、この類型論について説明していくことにしましょう。

一方で、「特性論」という性格の考え方もあります。特性論は、性格を細かい測定単位に分けて、一つひとつをものさしで測定するように、そして身長や体重のように量として表現するものです。この特性論については、次の章で説明することにしたいと思います。

四体液説・四気質説

人間に対しても、昔から「分類」が行われてきました。

たとえば、紀元前四〇〇年頃、古代ギリシアの医師ヒポクラテスは、人間には四種類の体液があり、その混合に変調が生じると病気になるという四体液説を唱えました。四つの体液というのは、血液、黄胆汁、黒胆汁、粘液です。この四つの体液は、古代ギリシアの四大元素に対応づけられており、血液が空気、黄胆汁が火、黒胆汁が地、粘液が水に相当するとされていました。

それから数百年後の紀元一〇〇年代の頃、古代ギリシア・ローマにガレノスという医師がいました。彼は、ヒポクラテスの四体液説を発展させ、四種類の体液の偏りによって気質が異なるという「四気質説」を提唱しました。

ヒポクラテスとガレノスと、一括りにしてしまっていますが、この両者の間だけでも数百年が経過していきます。この時間の経過を考えると、壮大な理論のように思えてきます。

四気質説によると、血液が多い人は「多血質」と呼ばれ、明るく社交的な気質の持ち主です。多血質は古代ギリシアの四大元素のなかでも空気に相当しますので、大気中に上昇していくようなイメージです。

黄胆汁が多い人は「胆汁質」と呼ばれ、積極的で短気な気質の持ち主とされます。黄胆汁は四大元素の火に相当しますので、かっと燃え上がるような気質のイメージとなっています。

黒胆汁が多い人は「黒胆汁質（憂うつ質）」と呼ばれ、心配性で不安定な気質の持ち主とされます。黒胆汁は四大元素の地に相当しますので、下方へと向かうような、暗く陰鬱なイメージです。

そして粘液が多い人は「粘液質」と呼ばれ、冷静で勤勉な気質の持ち主とされます。これは四大元素の水に相当しますので、冷ややかなイメージにもなります。

このようにみてくると、それぞれの気質がなんらかの具体的な根拠をもっているわけではなく、イメージの産物にすぎないことがよくわかります。ただし、それが悪いわけではありません。重要なのは、そのイメージが現実とうまくつながりをもっているかどうかです。

現代につながる四気質説

四気質説は、ヨーロッパの歴史のなかでいったん忘れ去られていきます。しかしその後、ルネサンス期のヨーロッパで再び脚光を浴びることになります。

四気質説が、古代の四大元素に対応づけられていることは説明したとおりです。この古代の四大元素についても、ルネサンス期を経てヨーロッパで再び脚光を浴びます。

一六世紀のスイスの医師で錬金術師だったパラケルススは、古代の四大元素に再び注目し、そこから万物が生み出されたと考えました。また、パラケルススは妖精について書いた著作も残しているのですが、そこで描かれた妖精のタイプも、四大元素に基づいています。これは、現代に創作されるファンタジーにも影響を与えています。

近代、最も影響力のある哲学者の一人であるカントも、四気質説に基づいて人間の気質について論じています。それは、多血質が「すばやい感情」、黄胆汁質が「すばやい活動」に、黒胆汁質が「遅い感情」、粘液質が「遅い活動」に結びつくというものでした(3)。

実験心理学の父と呼ばれ、科学的な心理学を提唱したドイツの心理学者ヴントの気質理論も、四気質説に基づくものでした。ヴントは、「変化」と「情動」という二つの軸を想定します。そして、その軸の組み合わせによって、四気質を表現しようとしました。すなわち、「速い変化」と「弱い情動」の組み合わせが多血質、「速い変化」と「強い情動」の組み合わせが黄胆汁質、「遅い変化」と「強い情動」の組み合わせが黒胆汁質、「遅い変化」と「弱い情動」の組み合わせが粘液質です。

その他、多くの学者が四気質説を取り上げ、あるいはこれを基礎として多くの理論が発展していきました。そのようすを、インターネットを使って実感することができます。たとえば、グーグルの画像検索で"Four Humors"（四気質）と入力して検索結果を見てください。みなさんが想像している以上に、多くのカラフルな四タイプのイラストがインターネット上に存在することに驚くのではないかと思います。これは、世界中でこの四気質説が取り上げられ続けている証拠ではないでしょうか。

もちろん、人間の体液がこれら四種類で構成されているという説は、現代の医学では支持されていません。しかし、四つの気質として書かれた記述内容は、興味深いものがあるといえます。だからこそ、多くの人々がこの四気質説を基本として人間を論じ、長い期間にわたって定着した理論となっていったのでしょう。

さて、みなさんのなかには、「四気質説のような非科学的な説を二千年以上も信じてきたのか」と思う人がいるかもしれません。では、こうたずねてみましょう。みなさんやみなさんの周りには、血液型性格判断を信じている人がいないでしょうか。

血液型と気質（性格）との関連を研究した人物は、戦前の日本人でした。東京女子高等師範学校（現在のお茶の水女子大学）の古川竹二という人物です。彼は、一九二〇年代から三〇年代にかけて血液型と気質の関連を研究し、論文や書籍、雑誌記事を残しています。その最初の発想は、当時の最新の医学であるＡＢＯ式血液型が四種類であったことから、これらと四気質説を結びつけるというところから始まっているのです。

そういわれてみれば、一般に知られているA型の特徴は黒胆汁質に近いものですし、O型やB型の特徴は多血質や黄胆汁質に近いように思えます。古川の書籍には、血液型別の気質と四気質説との対応関係が示されているのです。

残念ながら、古川説はその後の研究で結果がうまく再現されませんでした。ある理論を提唱しても、結果が再現されなかったり、他のより良い理論に置き換わったりすることは、学問の世界ではよくあることです。古川説もそういった過去の理論のひとつになるところで、古川が一九四〇年に亡くなったことや戦乱の影響から、多くの人々の記憶から忘れられていきました。

ところが、一九七〇年代にジャーナリストの能見正比古が『血液型でわかる相性』（一九七一年）、『血液型人間学』（一九七三年）を出版したことで、情勢が一気に変わります。これをきっかけに、マスコミ等で大々的に取り上げられ、血液型と性格を関連させる説が広く一般に知られることになります。ただし、これらの書籍のおおもとは、古川竹二の研究にあるのです。能見の本に掲載されている、各血液型の基本的な特徴も古川の枠組みを踏襲しています。

古川は四気質説を発想の原点にしていますので、血液型性格判断を信じるということは、四気質説の類型を信じることに相当するといえます。ヒポクラテスもガレノスも、まさか千年、二千年以上もの時代を超えて、予想もできないほど遠い地域で、こんなに多くの人々が自分たちの理論を信じているなどとは、思いもしなかったことでしょう。

なお、血液型性格判断についての是非は、序章で論じましたが、終章でも詳しくみていきたいと思います。

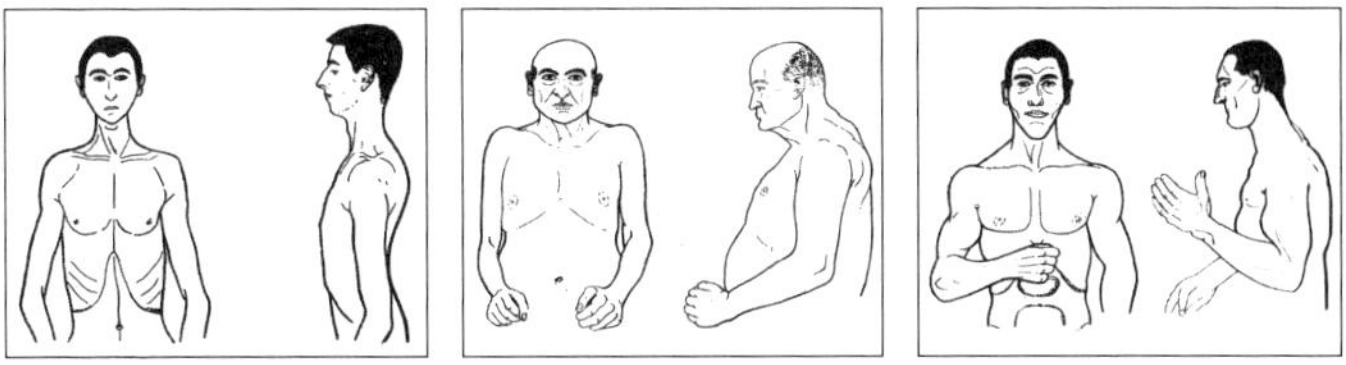

図 3-1　クレッチマーによる類型論（Kretschmer,1921 斎藤訳 ,1944 より）

クレッチマーの体格ー気質関連説

ドイツの精神医学者クレッチマーによる、体格と性格（気質）の関連説[4]も、心理学の歴史のなかでは代表的な類型論です。

クレッチマーはもともと体格に関心があり、精神病院に入院している患者たちの体格を調べていました。そして、統合失調症患者にはやせて細長い体型の「細長型」が、躁うつ病の患者には丸くて首が短い「肥満型」の体型が多いことに気づきました。さらに後から、筋肉質でがっしりした闘士型の体型も追加され、てんかん患者との関連が指摘されるようになりました。そして、それぞれの病気に関連する性格（気質）と体格が結びつくことにより、体格ー気質関連説が完成したのです（図3ー1）。

それぞれの体格に結びつけられた性格は次のとおりです。

細長型の体型の持ち主は分裂気質と呼ばれ、非社交的でまじめ、神経質で内にこもる性格です。肥満型の体型の持ち主は循環気質と呼ばれ、社交的であたたかみがあり、感情の起伏が大きい性格です。闘士型の体型の持ち主は粘着気質と呼ばれ、物事に執着し、秩序を好み、融通がきかない性格だとされます。

しかしながら、このクレッチマーの説も、現在の心理学では完全に関連が確認されているわけではありません。一般の人々を対象に体格と性格の関連を実際に測定すると、大きな関連が生じるわけではないのです。とても、「太っているからこんな性格」といえるようなものではないようです。

肥満型の人物がダイエットに成功し、細長型になると非社交的で内にこもるようになるのでしょうか。ダイエットに成功したら、むしろ逆に社交的になりそうです。

精神病理と体格の関連についても、「この体格だからこういった精神病理になりやすい」という因果関係だけではなく、「統合失調症で十分に食事をとることができず、細長型になる」と考えることもできます。躁うつ病に関しては、この病気が中年期に多くみられる（すなわち太りやすい）ことと関連しているかもしれません。

このように考えると、体格と性格が直接結びついているのかどうか、またその因果関係はどのようになっているのかなど、少し慎重に考えるべきであるように思えます。

人々のイメージに残るクレッチマー説

ところで小学生の頃、『ズッコケ三人組』シリーズの本を読んだことはないでしょうか。

このシリーズでは、三人の小学生の男の子、ハチベエ、ハカセ、モーちゃんが登場します。ハチベエは、やんちゃでスポーツ万能、勉強は苦手ですが行動力は抜群、いたずら好きなのですが正義感が強い、という男の子です。ハカセはメガネをかけており、読書が好きで頭脳明晰なのですが、ちょっと斜に構えた言動をし、小心者の面もある男の子です。そしてモーちゃんは、丸々と太っており、やさしくて穏やかな性格をした男の子です。

……この登場人物の紹介を読んでわかるとおり、明らかにクレッチマーの三類型そのままの特徴を備えた三人となっています。

ほかにも、小説やドラマ、マンガやアニメの登場人物のなかには、クレッチマー説そのままの体格と性格の持ち主が登場することがあります。

ドラマに登場する人付き合いが苦手な大学教授は、やせ型で顔も細く、メガネをかけて鼻が高いイメージです。ムードメーカーで明るく、周囲を盛り上げる一方で、ときに失敗をする不注意な一面をもつ登場人物は、丸々と太った体型をしたイメージです。そして、正義感に溢れ、何にでも一生懸命に取り組む登場人物は、極端にやせたり太ったりしていることはなく、筋肉質でがっちりとした体型をしたイメージです。

なぜ、このようなイメージが定着してきたのでしょうか。

一般的に創作物の登場人物は、「典型的な性格」をもつことが要求されます。ある登場人物は、ストーリーのなかで「それらしい言動」を一貫して行うことによって、その「登場人物らしさ」を強調するといえるのです。もしも、物語の主人公が、場面場面によってまったく異なる方向性の言動をとるようであれば、その物語の読み手や聞き手に「この人物はこんなことを言うはずがない」という違和感を抱かせてしまうことでしょう。

人間が複雑な問題解決を行う際、知らず知らずのうちに用いている直観的な判断のことをヒューリスティックといいます。このヒューリスティックのなかでも、ある特定のカテゴリに典型的な事柄に実際以上に注目して評価してしまうことを、代表性ヒューリスティックといいます。

たとえば、「この人物は、ムードメーカーで明るく、周囲を盛り上げる人物である」という情報が提示されると、「きっとこの人は誰かといるときには『いつもかならず』笑わせるような言動をするのだろうな」と、その特徴を過大評価してしまうのです。そして、物語の登場人物が自分のイメージどおりの言動を行えばそれを違和感なく受け入れますが、イメージと異なる言動をすると「こんなはずはない」と感じてしまうのです。

ところが、みなさん自身やみなさんの周囲にいる人を想像してみればわかるとおり、常にそのような言動を行っている人物というのは、実際にはそんなにいるわけではありません。その場その場である程度、臨機応変に行動を変えていくのが、現実の人間の反応ではないでしょうか。

クレッチマー説のような、登場人物の姿形と連動した性格設定は、物語の作り手にとっては、非常に参考にしやすいものだということができるでしょう。これは想像の範囲を超えるものではありませんが、もしかすると、多くの創作物でクレッチマー説を参考にした登場人物の体型と性格のイメージの結びつきが示されることによって、私たちはそのイメージを受け入れてきているのかもしれません。

体型との関連を考えなければ、循環気質、分裂気質、粘着気質として書かれている内容そのものは、四気質説の記述内容と同じように、興味深いものだといえます。

類型論の問題点

類型論は、数多くの人々を強制的に少数のカテゴリに分類するという操作を行うものです。

たとえば、身長のことを思い浮かべてください。「身長が高い人と低い人」、という記述のしかたはたしかにできるのですが、実際には、身長は非常に低い人から非常に高い人まで連続的に存在しています。そして、中程度の身長の人が最も多く、極端に低かったり極端に高かったりする人は、ごく少数です。

「身長を高い人と低い人に分類する」というときにはなんらかの基準を設けて、たとえば「一七〇センチメートル以上」と「一七〇センチメートル未満」で分類することになります。ところが、身長はなだらかに連続的に分布していますので、日本中には一六九・九センチメートルの人も、一七一・一センチメートルの人も数多く存在します。この場合、たった二ミリのちがいで「低い人」と「高い人」に分けられてしまうわけです。普通、身長は朝と夜では一センチメートル程度変動するといわれていますので、このあたりにいる人たちは、朝は「高い人」で夜は「低い人」に分類されてしまいます。

他にもたとえば、「年収六〇〇万円以下の家庭にのみ手当を支給する」といった「所得制限」です。このような政策は、所得が連続していますので、かならずぎりぎりもらえない家庭と、ぎりぎりもらえる家庭が存在するようになります。しかし、その両家庭はほぼ同じ生活水準であるはずです。

連続的に存在しているものに基づいて、何かの基準で類型化するときには、常に同じ問題が生じてきます。

長い歴史のなかで

四気質説は古代ギリシア、古代ローマ時代から二千年もの期間、信じられてきた説のはずです。こんなに長い間信じられてきたのですから、どこかに真実が含まれているのではないかと考える人がいるかもしれません。

まず考えてみたいことは、「長い間信じられてきたものは、それだけで真実である」といえるかどうかです。

たとえば、宇宙の中心が地球であるという天動説と、地球が太陽の周りを回っているという地動説についてです。古代ギリシア時代からコペルニクスが登場する一六世紀まで、ずっと天動説が信じられてきました。したがって、地動説よりも天動説の歴史のほうが長いといえます（古代にも地動説を唱えた学者がいましたが、ずっとあまり注目されないままでした）。

また、古代ギリシア時代のアリストテレスからずっと、重い物体は軽い物体よりも速く落ちると信じられてきましたが、一七世紀にガリレオ・ガリレイが落体の法則を実験で示してそうではないと信じられるようになりました。ここでもやはり、素朴な「重い物体のほうが軽い物体よりも速く落ちる」と信じられてきた時代のほうが長いということがわかります。

したがって、これらの例をみてもわかるとおり、「長い間信じられてきたものは、それだけで真実である」とはかならずしもいえません。

それは、人の性格についても同じです。人類の長い歴史のなかで、人々は分類することで人間を表現してきましたが、次第にそれ以外の方法を見出すことができたのです。それは次に述べるように、コンピュータの発展が影響を及ぼしています。

類型モデルから次元モデルへ

四気質説は、実は次の章で詳しく説明する、性格を次元で表現するというモデルへの橋渡しをしたという点で、重要な位置を占めます。

そのヒントは、先に説明したヴントのモデルにあります。ヴントは「変化」と「情動」という二つの軸を想定し、その軸の組み合わせによって、四気質を表現しました。

これは、四つの気質に「共通する要素」を見出そうとする試みです。四気質は類型ですから、それぞれが独立した別個の人物として表現されます。しかし、まったく異なるかというと、そうではありません。「情動」という共通要素を考えてみれば、黄胆汁質と黒胆汁質は「強い情動」、多血質と粘液質は「弱い情動」と共通する特徴をもつのです。

このような四気質説から性格の次元モデルへは、いわば発想の転換によってもたらされたといえます。

図３－１を見てください。もともとあった四気質説（多血質、黄胆汁質、黒胆汁質、粘液質）を分ける要素と、共通する要素を考えていきます。たとえば、多血質と黄胆汁質を分ける要素は、情緒的な安定の度合いです。不安定だと短気な黄胆汁質になり、安定していれば朗らかな多血質になります。その一方で、多血質と黄胆汁質には共通点もあります。それは、自分の外部にアプローチする志向性、つまり外向的であることです。次に、黄胆汁質と黒胆汁質について考えてみます。両者のちがいは、気持ちが外に向かうか、それとも内に向かうかです。外に向かえば積極的な黄胆汁質になりますし、内に向かえば用心深い黒胆汁質になります。両者の共通点は、ともに情緒的な不安定さをもつことです。

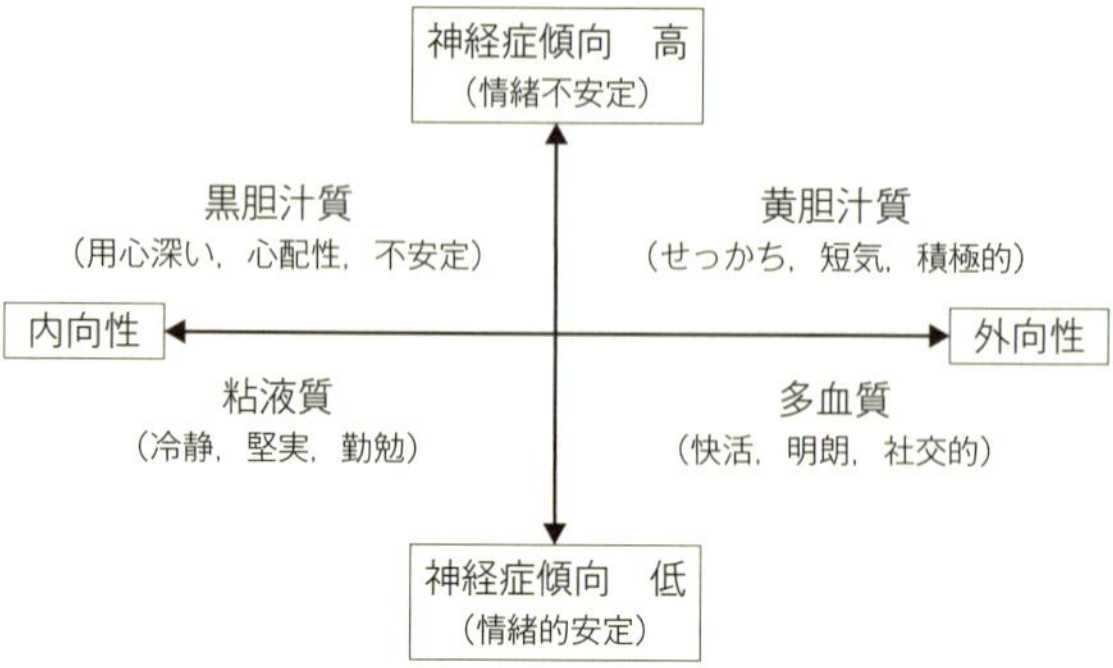

図 3-1　アイゼンクによる四気質説と二つの性格特性次元

このように、四気質それぞれの内容を吟味して、共通点と相違点を考えると、四つの類型を分類するための「次元」が想定できます。それが「外向性」と「神経症傾向（情緒不安定性）」です。その二つの次元を組み合わせることによって、図のようなモデルができあがるというわけです。これは、イギリスの性格心理学者アイゼンクが考案したモデルです。

では、実際に性格を測定するという観点からも説明してみたいと思います。

性格を測定する場合、外向性と神経症傾向という「軸」の部分を測定します。ちょうど、ものさしを二つ使って、十字を描くようなイメージです。そして、図の二つの軸の交点が平均値や中央値になります。

たとえば、外向性と神経症傾向がともに百点満点で測定されていて、平均値が五〇点だとします。すると、両方の得点ともに七〇点の人は「黄胆汁質」のグループに所属し、外向性が七〇点で神経症傾向が三〇点であれば「多血質」、外向性が三〇点で神経症傾向が七〇点の人は「黒胆汁質」、両方とも三〇点の人は「粘液質」のグループに入るというわけです。

四気質説は現在、図のモデルを提案したアイゼンクの理論[5]や、その流れをくむ心理学者グレイの理論[6]に引き継がれています。もちろん、どちらも体液を考えるわけではありません。グレイの理論は体液どころか、現在は脳神経学的な説明にもつながる理論として展開しています。四気質説の気質（性格）の記述そのものは、現在の心理学の研究方法で多くの人々から集められた統計的データからも、ある程度は意味があると考える研究者がいるということです。

コンピュータの発展とともに

性格や気質を研究するのに欠かせないのは、多くのデータとそのデータを統計的に分析する手法、そして複雑な統計的分析をこなすことができるコンピュータです。とくに、とても手計算ではできないような統計処理を行いますので、コンピュータの発展はきわめて大きな意味をもちます。

ところが、たとえば机の上に置けるくらいの「電卓」（パソコンではなく）が登場したのが一九六〇年代、電卓が手のひらに収まるようになっていったのは一九七〇年代以降です。また、東京大学に大型計算機センターが設置されたのは一九六五年です。

さらに、当時は今のコンピュータのようにディスプレイ上で操作ができるものではありませんでした。簡単な分析をするだけでも非常に手間がかかるものでしたし、現在みなさんが持つ携帯電話のほうが、記憶容量が大きいほどです。さらに、個人でも購入可能なコンピュータが登場したのは一九七〇年代以降、今とほぼ変わらないようなパソコンになったのは一九九〇年代半ば以降です。このように、心理学で「性格」という概念をデータの分析によって扱えるようになったのは、「つい最近のこと」だといえます。現在では個人のノートパソコンで一秒もかからず結果が出てくる分析が、数十年前には一日がかり、コンピュータがない時代には数カ月かけて分析が行われる、ということすらあったそうです。

ガリレオが落体の法則の実験器具を考え出していつでも実験ができる状況になったように、心理学で性格の構造や変化を多くのデータを用いて分析することができるようになったのは、このように、ごく最近のことです。ですからこの分野では、昔から言われていることに真実が含まれているといえるかどうかをずっと確かめることができなかったのです。

では、どのような方法でそれを確かめることができるのでしょうか。次の章で説明したいと思います。

第四章　人間にはいくつの性格があるのか

性格の特性論

前章では、人々を分類することで性格を表現する、類型論について説明しました。この章では、少し視点を変えることを試みてみましょう。

では、もう一度、ナチュラルチーズに登場してもらうことにしましょう。「フレッシュタイプ」「白かびタイプ」「ウォッシュタイプ」「シェーヴルタイプ」「青かびタイプ」「セミハードタイプ」「ハードタイプ」の七種類のチーズは、それぞれ共通する特徴をもっています。たとえば、「硬さ」「味の濃さ」「臭いの強さ」を、それぞれ一〇点満点で評価することを考えてみます。すると、フレッシュタイプは「硬さ＝一点」「味の濃さ＝一点」「臭いの強さ＝一点」、青かびタイプは「硬さ＝三点」「味の濃さ＝九点」「臭いの強さ＝七点」、ハードタイプは「硬さ＝九点」「味の濃さ＝八点」「臭いの強さ＝四点」などと表現できるはずです。

さらに、青かびタイプのなかでも個別のチーズについて、同じ観点から評価することもできるはずです。ゴルゴンゾーラは……、ロックフォールは……といったように、です。

この章で説明する方法は、「分類」ではなく「ある観点から得点化する」といったことに近いイメージです。難しく思うかもしれませんが、実は現代の多くの人は、すでにこの方法を、なじみのあるものとして経験しています。

ゲームの登場キャラクターの表現方法

ポケットモンスター（ポケモン）のゲームを楽しんだり、アニメを観たりしたことはあるでしょうか。ポケモンのキャラクターは、「HP（ヒットポイント）」「こうげき（攻撃力）」「ぼうぎょ（防御力）」「とくこう（特殊攻撃）」「とくぼう（特殊防御）」「すばやさ」の六つの観点から能力値が設定されています。

ポケモンでは、たとえばモンスターAは「HP＝44」「こうげき＝40」「ぼうぎょ＝65」「とくこう＝50」「とくぼう＝64」「すばやさ＝43」、モンスターBは「HP＝35」「こうげき＝55」「ぼうぎょ＝30」「とくこう＝50」「すばやさ＝90」、モンスターCは「HP＝40」「こうげき＝80」「ぼうぎょ＝35」「とくこう＝35」「とくぼう＝45」「すばやさ＝70」などのような形で、登場キャラクターの特徴が記述されます。攻撃力や防御力の値を念頭に置きながら、戦略を考えていくところにおもしろさのひとつの特徴があるといえるでしょう。

私はポケモンのゲームを楽しんだことはないのですが、学生時代には三国志や戦国時代のシミュレーションゲームをよくやりました。そういったゲームの登場人物は、「統率力」「武力」「知力」「政治力」「魅力」といった観点から能力値が設定されます。

たとえば三国志の場合、劉備《りゅうび》は「統率力＝90」「武力＝50」「知力＝70」「政治力＝70」「魅力＝100」、呂布《りょふ》は「統率力＝90」「武力＝100」「知力＝30」「政治力＝20」「魅力＝30」、諸葛亮《しょかつりょう》は「統率力＝90」「武力＝30」「知力＝100」「政治力＝90」「魅力＝70」といった具合に、登場人物の特徴が表現されます。この場合には、三名の武将はいずれも高い統率力をもちますが、劉備は魅力が高く多くの武将を仲間に引き入れやすい特徴をもち、呂布は武力優先で知力が低い特徴、諸葛亮は知力や政治力は高いのですが武力は低い特徴をもつことになります。

登場キャラクターが少なければ、こういうことをする必要はないかもしれません。ゲームのなかに一〇人くらいのキャラクターだけが出てくるようであれば、一〇通りの個性を類型的に表現できそうです。しかし、ポケモンや三国志のように、何百ものキャラクターが登場してくるゲームでは、それぞれの武将やモンスターを「〇〇タイプ」と類型化するだけでは特徴を十分に記述しきれません。それぞれのタイプのなかに、複数の武将やモンスターが含まれてしまうからです。そこで、攻撃力や知力など、いくつかのパラメータを設定しておいて、それぞれを量で表現することで個々の特徴を明確にするのです。

なお、ポケモンにも三国志にも、類型は使われます。たとえばポケモンの場合には、先ほど示した能力値のほかに「でんき」「ほのお」「はがね」など、タイプと呼ばれる属性をもちます。たとえば「でんき」のタイプに属するモンスターは、電撃系統の攻撃を得意とするわけです。

三国志のシミュレーションゲームの場合には、登場人物の特殊能力や得意技が決められていることがあります。火攻めが得意な武将や相手との一騎打ちに持ち込むことができる武将、医術が使える武将や占いができる武将などです。全武将に共通する能力値のほかに、これらのような特殊能力が設定されていることによって、ゲームの複雑さとおもしろさが増しているといえるでしょう。

人間の性格を特性として理解する

三国志の登場人物に、もう一度登場してもらいましょう。

●劉備
統率力＝90、武力＝50、知力＝70、政治力＝70、魅力＝100
●呂布
統率力＝90、武力＝100、知力＝30、政治力＝20、魅力＝30
●諸葛亮
統率力＝90、武力＝30、知力＝100、政治力＝90、魅力＝70

この、「統率力」や「武力」を、他の言葉に置き換えてみたら、どうなるでしょうか。たとえば、「外向性」「神経質」「好奇心」「まじめさ」「やさしさ」と変えて、三名それぞれの得点を表現します。

●劉備
外向性＝９０、神経質＝５０、好奇心＝７０、まじめさ＝７０、やさしさ＝１００
●呂布
外向性＝９０、神経質＝１００、好奇心＝３０、まじめさ＝２０、やさしさ＝３０
●諸葛亮
外向性＝９０、神経質＝３０、好奇心＝１００、まじめさ＝９０、やさしさ＝７０

このように変えてみると、三人とも外向的なのですが、そのなかでも劉備は外向的でやさしい、非常に社交的で人あたりの良さそうな人物像となります。呂布は外向的で神経質な、精神的な不安定さが表面化しやすい人物となります。そして諸葛亮は、外向的で好奇心旺盛、かつまじめな、興味を抱く物事を積極的に探求していくような人物像となります。

まさにこのような方法が、特性論で使われるものです。なお、それぞれの測定単位は何点満点に設定しても構わないのですが、細かく測定することも粗く測定することもできます。ちょうど、体重をグラム単位で測定することも、「おおよそ何キロ」と測定することもできるのと同じです。

ここで取り上げた「外向性」や「まじめさ」など指標となる性格を、性格特性といいます。性格特性とは、いわば数値を割り当てるものさしのようなものです。しかしながら、ここでの大きな問題は、どのような内容を性格特性とすべきかという点にあります。

語彙研究

普段みなさんは、自分や周囲の人の性格を表現するときに、どのような言葉を使っているでしょうか。「やさしい」「明るい」「怒りっぽい」など、いくつかの言葉が思い浮かぶのではないでしょうか。しかしおそらく、それらがいくつあるのか数えたことはないのではないかと思います。

性格は言葉で表現されます。言葉以外で性格を表現することはできるのでしょうか――たとえば、身振りはどうでしょうか。ある身振りである性格を表現したとしても、「この身振りはどういう性格を意味しているか」を説明する際には、言葉で表現するしかありません。

行動ではなく、脳内の生理的な活動を測定して、そのパターンで性格を表現してみてはどうでしょうか。しかしその場合でも、ある脳内活動がどういった性格に相当するのかを説明するときには、言葉を使う以外にないように思えます。

人間の性格を表現するときには、言葉の縛りが思った以上に強いといえそうです。

これまで性格を研究する心理学では、語彙《ごい》研究という試みが行われてきました。語彙研究とは、人間が普段使用する言葉のなかには人間の性格を表現する言葉が網羅されているはずだ、という考え方に基づきます。もしも、ある「性格」を言い表す言葉が多くの人に共通して使用されている普遍的な言葉であれば、その言葉は辞書に掲載されているはずです。そこで、辞書から性格用語を網羅的に抜き出して整理する、という研究を行った研究者が世界各地に存在しています。

アメリカで一九三〇年代に行われた、オールポートとオドバート[(1)]による研究が有名です。彼らは、ウェブスター英語辞典から、人間の特徴を表現できる言葉として約一万八〇〇〇語を抜き出しました。

そして、選んだ言葉を「性格を表現する言葉」「一時的な気分や状態を表す言葉」「価値判断を表す言葉」「身体的な特徴や能力を表す言葉」に分類しました。これらのうち、「性格を表現する言葉」だけで四五〇四語あったことを報告しています。

心理学における語彙研究はここから本格的にスタートし、多くの研究者が言葉の抽出と整理を試みていきました。

因子分析を使って性格次元を探す

性格の語彙研究で重要な統計手法は、因子分析と呼ばれるものです。因子分析とは、得られたデータの背後にある共通の要因（因子）を見出すことを目的とした統計的な分析手法です。

多くの言葉を整理するときに重要なことは、「似た言葉をまとめる」点にあります。一つひとつの言葉をみて、研究者が「似ている」「似ていない」と判断することもできるのですが、それでは非常に主観的な判断になってしまう危険性があります。そこで、一つひとつの言葉について、多くの人に「自分（やよく知っている人）にどの程度当てはまるか」を回答してもらいます。すると、似た言葉であるほど、同じような回答パターンが得られます。

たとえば、「やさしい」という言葉に注目してみましょう。この言葉はおそらく、「友好的な」や「温和な」といった言葉と同じような回答パターンを示し、「ケンカ好きな」「攻撃的な」などの言葉とは逆の回答パターン（片方の評定が高ければもう片方は低い関係）となることが予想されます。その一方で、「悩みがち」とか「まじめな」といった単語とは、あまり同じような回答パターンを示さない

表4-1　キャッテルが見出した12の根源特性

A	回帰性傾向	対	分裂性気質
B	知能・一般的精神能力	対	精神欠陥
C	感情的に成熟・安定した性格	対	混乱した情緒不安定性
D	子どものようなたくましい情緒性	対	冷静なフラストレーション耐性
E	支配性・優越性	対	服従性
F	高潮性	対	退潮性
G	肯定的な性格統合	対	未熟な依存
H	寛大で大胆な躁うつ気質	対	閉塞的・退避的な分裂気質
I	敏感・不安な情動性	対	強い安定性
J	神経衰弱	対	活発で偏執狂的な性格
K	訓練・社会化された教養ある心	対	粗野
L	高潮的躁うつ気質	対	偏執症

ことが予想されます。

因子分析を行うことで、このような似た回答パターンを示す指標を、一定の基準でまとめることができるのです。現在では心理学のみならず多くの学問分野で当然のように使われています。心理学を専攻する大学生であれば、一度は目にしたり実際に使ってみたりするのではないでしょうか。

イリノイ大学の性格心理学者キャッテルは、一九四〇年代にこの因子分析を用いて性格の次元を探究しました。[2] 彼は、オールポートの語彙リストを再整理し、一七一の対となる単語（「明るい⇔暗い」など）のリストをつくりました。このリストを用いて実際に調査を実施し、分析しながらさらに単語リストをまとめていきました。そして最終的に、因子分析を用いて、一二個の根源特性と呼ばれる性格次元を導いたのです（表4－1）。その内容は、たとえば「回帰性傾向 対 分裂性気質」「知能・一般的精神能力 対 精神欠陥」といったように、「A対B」という形で名づけられたものでした。なお、このリストに関して個人的な感想をいえば、因子に名づけられた名称をみても、あまりピンと来ないものが多いと思います。ただし、コンピュータもない時代に手計算で長い時間をかけて複雑な統計処理にチャレンジし、性格の整理を試みたキャッテルの先進性は評価されるべきです。

キャッテルが見出した性格次元は一二個とまだまだ多かったのですが、初めて少数の次元を見出すことに成功したのが、シカゴ大学の心理学者フィスクでした。[3] 彼は、一二八名の臨床実習生を対象として、自分自身の性格評定を行ったデータ、臨床実習生を三名の心理学者が評価したデータ、三名のチームメートが評価したデータを得ました。そして、これらのデータについて因子分析を用いて分析することにより、社会的適応性（social adaptability）、情動制御性（emotional control）、従順性（conformity）、知的探求性（inquiring intellect）という四つの大きな因子にまとまることを示しました。フィスクの研究は、複数の評定者から得られたデータが同じような因子にまとまることを示したという点で、意義が大きいといえます。

なお、シカゴ大学はイリノイ大学と同じ州にありますので、キャッテルとフィスクは面識があったと予想されます。また、フィスクはのちに、共同研究者のキャンベルとともに、性格評定の妥当性を検討する際に、現在も重要な考え方のひとつである「多特性多方法行列（multitrait-multimethod matrix）」を提唱したことでも知られています。[4] 多特性多方法行列は、性格を評定する際にひとつの手法のみを用いるのではなく、複数の手法を同時に用いて妥当性を検証する手法です。フィスクは初期の研究から、複数の人物が評定したデータを集めて分析していますので、このアイデアは若い頃からもっていたものではないかと推測されます。

ビッグファイブ

キャッテルやフィスクが研究を行った時代は、コンピュータがありませんでした。今の状況からすると、コンピュータなしに大量のデータを因子分析にかけるなど、想像もできません。しかし、時代が下るとともに、コンピュータが発達し、多くのデータを一度に分析することができるようになっていきます。

そのなかで、ビッグファイブ（Big five）と呼ばれる理論が多くの研究者のコンセンサスを得るようになっていきました。これは、人間の性格全体を最小の次元で最も効率良く表現するためには、五つの次元を用意すればよい、という理論です。

その五つの次元とは、次のようなものです。

第一の次元は「神経症傾向（情緒不安定性）」です。英語名はneuroticismで、大文字のNと略されることがあります。この特性の高さは、感情面・情緒面での不安定さやストレスの感じやすさを意味します。逆に低いことは、情緒が安定していることを意味します。

二つめは「外向性」です。英語名はextraversionで、大文字のEと略されることもあります。この特性の高さは、積極的に外の世界に向けて行動していく志向性を意味します。外向性は社交性よりも広い意味で、対人関係だけではなく冒険好きであったり上昇志向が強かったりと、エネルギッシュに活動するという意味を含むものです。

三つめは「開放性」です。英語名はopenness もしくはopenness to experienceで、大文字のOとされています。

略されることもあります。この特性は知的好奇心の高さ、美の理解・興味、難しい理論や研究への興味、新しい社会や政治のシステムへの親和性などに関係します。また、知能や創造性との関連も指摘されています。

四つめは「協調性」や「調和性」と呼ばれる特性です。英語名はagreeablenessで、大文字のAで略されることもあります。この特性は、普段使う言葉でいえば「やさしさ」に相当するといえるでしょう。他者のことを考え、うそ偽りない態度をとり、控えめであるといった特徴などがこの特性に関係します。

五つめは「誠実性」や「勤勉性」と呼ばれる特性です。英語名はconscientiousnessで、大文字のCで略されることもあります。この特性は、衝動や欲求をうまくコントロールすることや、仕事や勉学に一生懸命に取り組むこと、計画を立てて遂行することなどに関係します。普段使う言葉でいえば、「まじめさ」に相当するといえるでしょう。

もともと数千の言葉の整理からスタートした研究ですので、これら五つの次元の背後には、数百の「言葉」が隠れています。これら五つの次元は、人間が人間を表現する際に用いる言葉を整理していったときにたどり着くものだということもできます。

現在の研究では、この五次元それぞれが特定の脳内活動に結びつくことも示唆されており、それぞれが異なる病理に結びついたり、日常のさまざまな活動にも影響を及ぼしたりすることが示されてきています。このようにビッグファイブは、単純に言葉を整理してきただけであるようにみえながらも、それ以上の機能的な意味が含まれているところがおもしろいと思います。

五因子理論

実は、性格を五つの特性で記述するという研究の流れには、二種類のものがあります。ひとつは前項で説明した、ビッグファイブと呼ばれるモデルです。このモデルは、オールポートとオドバートが四五〇四語の性格用語を見つけたところからスタートし、言葉を整理し、多くのデータをとり、統計的な分析を行うことによって、五つの次元に集約することにより構成されました。この分野の代表的な研究者は、アメリカの性格心理学者ゴールドバーグ[5][6]やソーサー[7]、オランダの性格心理学者ドラード[8]などです。

もうひとつの研究の流れは、五因子理論（Five factor theory）と呼ばれるモデルです。このモデルは、人間の性格全体を記述しようと試みた過去の研究を総合し、過不足なくまとめていくと五つの性格次元に集約することができる、という理論です。言葉の整理というよりも、過去の研究の整理を試みたという点で、ビッグファイブとはやや異なる研究の流れとなっています（もちろん、ビッグファイブ研究の系譜も踏まえられています）。この分野の代表的な研究者は、NEO－PI－R（Revised NEO Personality Inventory）という五因子性格検査を開発したことでも知られる、アメリカ国立衛生研究所（ＮＩＨ）の研究者コスタとマクレー[9][10]です。

五因子理論の成立過程については、少しイメージがつかみにくいかもしれません。そこでたとえば、四気質説とクレッチマーの類型とを比較してみましょう（表４－２）。

クレッチマーの循環気質は、社交的である一方で感情の起伏も激しい、四気質説でいえば多血質と黄胆汁質が合わさったような特徴をもちます。その他、多少のズレはありますが、おおまかに分裂気

表 4-1　四気質説とクレッチマー説の対応

〈四気質説〉	〈クレッチマー説〉
多血質：明るく社交的 黄胆汁質：積極的で短気	循環気質：社交的であたたかい、感情の起伏
黒胆汁質：心配性で不安定	分裂気質：非社交的で神経質
粘液質：冷静で勤勉	粘着気質：秩序を好み執着

質は黒胆汁質、粘着気質は粘液質に相当するといえるでしょう。

この例のように五因子理論では、過去に行われた研究から、性格の特徴を理論的に抽出していきました。そして、最終的に多くの研究を過不足なくまとめるためには五つの性格特性が必要であることを示していったのです。いずれにしても、語彙をデータから統計的な手法によってまとめるビッグファイブのアプローチと、過去の研究の共通要素を探る理論的なアプローチが、ともに五つの性格特性に集約されていったのは、おもしろいことだと思います（図4−1）。

性格を五次元で記述するということ

人間の性格全体をたった五つの次元で記述する、というのは無謀なように思えます。しかし、普段私たちは、自分や他者の性格を考えるときに、五つもの視点をもってとらえようとしているでしょうか。「明るいか暗いか」「まじめそうかふまじめそうか」など、せいぜい二、三の特徴だけを一度に考えているだけではないでしょうか。さらにその基準は、人によって大きく異なります。ある人は「明るいか暗いか」ばかりを考え、ある人は「外向的か内向的か」ばかりに注目するといった具合です。おそらく、普段私たちが拠りどころにしている性格の基準は、いずれかの方向に偏っているのです。

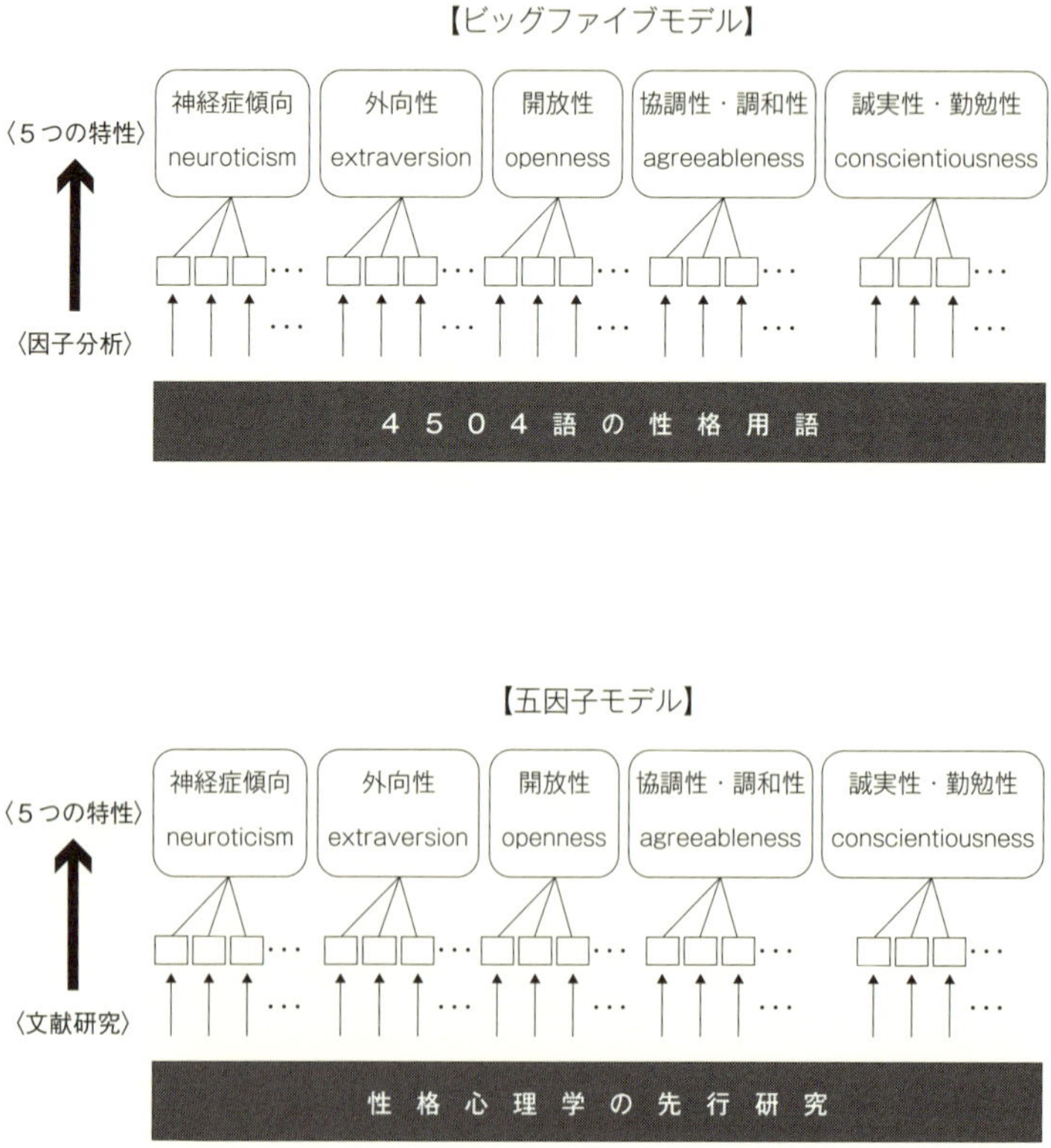
【ビッグファイブモデル】
〈5つの特性〉
〈因子分析〉
神経症傾向
neuroticism
外向性
extraversion
開放性
openness
協調性・調和性
agreeableness
誠実性・勤勉性
conscientiousness
4504語の性格用語
【五因子モデル】
〈5つの特性〉
〈文献研究〉
神経症傾向
neuroticism
外向性
extraversion
開放性
openness
協調性・調和性
agreeableness
誠実性・勤勉性
conscientiousness
性格心理学の先行研究

図 4-1　ビッグファイブモデルと五因子モデル

世界中に六〇億人が生活しているとしましょう。全員を異なる類型として表現するのであれば、六〇億通りのカテゴリが必要になってしまいます。たしかに一人ひとりの個性を大切にするのであれば、その記述のしかたでまったく構いません。しかし、効率的な情報のまとめ方とはいいにくいものになってしまいます。

オールポートとオドバートが抜き出した性格用語は四五〇四語でした。その言葉を使っても、六〇億通りのカテゴリをつくるのは容易ではありません。しかし、もしも一〇個の言葉が用意され、それぞれを一〇段階の量で表現すれば、それだけで一〇の一〇乗＝一〇〇億通りの組み合わせが生まれます。特性論という考え方は、非常に効率的に各人の特徴を記述することができるということがわかるのではないでしょうか。

ビッグファイブや五因子理論は、性格を類型論ではなく「特性論」として考えます。ビッグファイブの五つの性格である、神経症傾向、外向性、開放性、調和性、勤勉性は、どれかひとつを選ぶものではありません。五つの性格特性それぞれに対して、得点がつけられるものなのです。

研究によって見出された五つの性格特性は、人間の性格全体を最も少ない性格次元で記述するにはいくつの特性が必要か、という視点からまとめられたものです。したがって、五つの特性を考えれば、いちばんもれが少ない状態で人間の性格を把握することができるといえるでしょう。五つくらいであれば、日常場面でも意識して使えそうです。

加えて、五つの性格特性は互いにあまり関連しないとされています（実際のデータでは緩やかに関連しているのですが）。これは、五つの性格特性それぞれが他とは異なる独自の意味をもつことを示しています。たとえていえば、複雑な荷物を持ち上げるとき、最低五本のヒモがあればバランスよく持ち上がりますよ、というイメージに近いといえるでしょう。

また、ビッグファイブも五因子理論も、五つの性格特性を量として細かく測定します。ある特性が「ある」か「ない」かの二者択一ではなく、低い得点から高い得点まで細かく多くの段階が設定されます。たしかに、身長をメートルやセンチメートルではなくナノメートルで表現するのに意味がないように、性格もあまりに細かい段階で測定することにはあまり意味がないかもしれません。しかし、ある程度細かく測定することは、各人の性格をより的確に把握するためには役立ちます。

ビッグファイブや五因子理論は五つの性格特性に注目しますが、この五つの性格特性というのは非常におおまかなものです。そもそも、オールポートとオドバートは四五〇四語の性格用語を見つけているわけですから、単純に五で割ったとしても、ビッグファイブのそれぞれの性格特性の背後には、約九〇〇の単語が隠れていることになります。

ビッグファイブの下位特性

ビッグファイブの五つの性格特性の下には、さらに下位特性やファセットと呼ばれるまとまりがあります。たとえば、コスタとマクレーによるＮＥＯ－ＰＩ－Ｒという性格検査では、五つの性格特性の下に、それぞれ六つずつの下位特性が設定されています。表４－３に示したのは、その内容です。

ＮＥＯ－ＰＩ－Ｒでは、これら三〇の下位特性も測定することができますので、非常に細かく性格特性を測定することができます。また、ビッグファイブのある性格特性が高いときに、かならずそこ

表 4-3　NEO-PI-R の下位特性

神経症傾向の下位特性		
N1：不安	Anxiety	他人に気をつかう，悩みがち，緊張する
N2：敵意	Angry Hostility	怒りや攻撃のしやすさ
N3：抑うつ	Depression	罪の感情，悲しみ，絶望感，孤独感
N4：自意識	Self-Consciousness	周囲に人がいると居心地が悪い
N5：衝動性	Impulsiveness	欲求への切望や怒りをコントロールできないこと
N6：傷つきやすさ	Vulnerability	ストレスへの対応が下手
外向性の下位特性		
E1：暖かさ	Warmth	情愛深く，人懐っこい
E2：群居性	Gregariousness	人とのつきあいを好む傾向
E3：断行性	Assertiveness	支配性，社会的な優位性，リーダーシップ
E4：活動性	Activity	生活のテンポの速さ
E5：刺激希求性	Excitement-Seeking	ワクワクすること，刺激を求める
E6：よい感情	Positive Emotions	陽気，楽観的，満足している
開放性の下位特性		
O1：空想	Fantasy	生き生きとした想像力をもつ
O2：審美性	Aesthetics	芸術や美を愛する傾向
O3：感情	Feelings	深く広い範囲の感情を抱く
O4：行為	Activities	新しく，多様なものを求める
O5：アイデア	Ideas	哲学的な議論や頭を使うことを好む
O6：価値	Values	柔軟で固定化していない価値判断
調和性の下位特性		
A1：信頼	Trust	他の人は誠実で好意的だと感じる
A2：実直さ	Straightforwardness	ざっくばらんで人を騙さない
A3：利他性	Altruism	他者の利益に関心があり支援する
A4：応諾	Compliance	他者の意見に従い，他者を許す
A5：慎み深さ	Modesty	謙虚で自分を主張しない
A6：優しさ	Tender-Mindedness	他者への関心，共感する
誠実性の下位特性		
C1：コンピテンス	Competent	自分が有能で，うまく対処できると感じる
C2：秩序	Order	几帳面で整理整頓する，きれい好き
C3：良心性	Dutifulness	倫理観，道徳観を守る
C4：達成追求	Achievement Striving	向上心，努力，勤勉
C5：自己鍛錬	Self-Discipline	物事をやり遂げる意思の強さ
C6：慎重さ	Deliberation	用心深く，慎重

※５つの上位特性の名前は NEO-PI-R に従っています。

に含まれるすべての下位特性も高くなるというわけではありません。たとえば私が以前この検査に回答したときには、全体としての開放性は高いほうだったのですが、下位特性でみると「審美性」や「感情」はむしろ低いほうでした。このように、細かい性格特性を測定することで、ビッグファイブというおおまかな性格の把握だけではわからない部分も、明らかにすることができるのです。

国語のテストを思い浮かべてください。国語全体の得点を算出することもできるのですが、漢字の問題部分、語彙の問題部分、物語文の部分、説明文の部分など、細かい部分の得点を算出することで、苦手な部分を把握することができます。下位特性の得点を算出することは、このような考え方に近いといえるでしょう。

ビッグファイブから就活をみると

少し話が変わりますが、以前筆者は、企業の人事担当者に対するアンケートを集計したことがあります[11]。そこでは、企業が学生を採用する際、何を重要視するかをたずねていました。

日本語や英語の読み書き、論理的思考力や身だしなみ、挨拶や意欲、アルバイトやインターンシップと並んで、「性格」に関する項目も含まれていたのです。それは、「自主性」「忍耐力・根気」「素直さ」「誠実さ」「好奇心」「成長意欲」「協調性」「明るさ」「元気さ」という質問項目でした。このなかには、ビッグファイブの勤勉性（忍耐力・根気、誠実さ）や協調性（協調性）、外向性（明るさ、元気さ）、開放性（好奇心、成長意欲）にかかわる項目が入っています。

もしも、「うちの会社は素直じゃなくても明るい学生は評価する」とか「うちは忍耐力と素直さがあれば多少暗い学生でも構わない」といったように、企業によって重視する項目がちがうようであれば、これらの質問項目は統計的にいくつかのグループに分けることができるはずです。

ところが分析をしてみると、これらすべての項目がひとつにまとまってしまうことがわかりました。企業にとってこれらの性格は、「すべて重要」か「すべて重要じゃない」か、という判断だけがなされているようだったのです。

さて、自主性も素直さも好奇心も協調性も元気さも備わった新入社員というのは、どのような人物なのでしょうか。もしも「うちの会社にはこれらがすべて必要だ」と考えて希望者の選抜を行った場合には、何が起きるのでしょう。そもそも、これらがすべて備わった人物というのは、そんなに数多く存在するわけではありません。ある会社に入りたい学生は、就職試験で面接や性格検査を実施した時に、できるだけその会社が求める人材に合致するように振る舞うことでしょう。その学生は、自分の性格を変えようとしたり、変わったように見せかけようと無理をしたりするかもしれません。もしも、自分の性格をその企業が求める性格にうまく変容させて入社できたとしても、本当にその会社ではそういう性格じゃないとやっていけないようであれば、最終的にはうまくいかないように思います。

また、ある企業に入社した新入社員が全員、自主性も素直さも好奇心も協調性も元気さもすべて備えていたとしたら、その企業はうまくやっていくことができるのでしょうか。人が集団で何かを達成していくときには、「適材適所」という考え方が重要なはずです。しかし、同じような性格を備えた人ばかりの集団だと、その適材適所というやり方がうまく働かないかもしれません。たとえば協調性の高い人物は、周りの人間とぶつかることなくうまくやっていけるでしょう。しかし、企業の生き残りを賭けた場面では、協調性の低い人物のほうが、そのために必要な非情な判断を下すことができるかもしれないのです。必要なときに必要な人材が集団の中にいるためには、ある程度の人材の多様性を維持することが重要になると考えられます。

五つでは足りないか

ビッグファイブのモデルはあくまでも、現在最も研究者たちの支持を集めているというモデルです。今後の研究が進展していくなかで、次のより改善されたモデルへと変化していく可能性は十分にあり得ます。

たとえば、語彙の研究を通じて、ビッグファイブには含まれていない次元があるのではないかという指摘がなされています。

カナダの心理学者アシュトンやリー[12][13]は、ビッグファイブに含まれずに漏れてしまった性格用語のまとまりとして、「誠実さ－謙虚さ」という次元を導きました。この性格特性は、誠実さや公平さ、貪欲ではないこと、慎み深さといった内容を含むものです。そして彼らは、「誠実さ－謙虚さ」の次元を含めた六つの性格特性（誠実さ－謙虚さ［honesty-humility：H］、情動性［emotionality：E］、外向性［extraversion：X］、協調性［agreeableness：A］、勤勉性［conscientiousness：C］、開放性［openness to experience：O］）をHEXACO（ヘキサコ）モデルと呼び、この六つの性格特性を測定する性格検査も作成しました。たしかにこの「誠実さ－謙虚さ」の次元は、ビッグファイブのどの次元ともあまり高い相関は示しておらず（一部関連がみられる部分もあるようですので、完全に新しい次元ともいいきれない可能性があるようですが）、興味深いモデルだといえます。

また、性格用語の研究で知られるミネソタ大学の名誉教授テレゲンや、文化と性格の研究をしているアメリカの心理学者ベネット、そして性格の統計的な分析が専門のアメリカの心理学者ウォーラーは、性格の七因子モデル（Big seven factor model）を提唱しています。[14] このモデルでは、性格の語彙研究で「性格用語としてふさわしくない」とされた、道徳的判断や評判、価値を表す言葉も含めてデータ分析を進めることで、七つの性格特性を導いています。その七つの特性とは、「正の誘発性（positive valence：PVAL）」「負の誘発性（negative valence：NVAL）」「正の情動性（positive emotionality：PEM）」「負の情動性（negative emotionality：NEM）」「勤勉性（conscientiousness：C）」「調和性（agreeableness：A）」「因習性（conventionality：CNV）」です。「正の誘発性」には「卓越した」「印象的な」「優れた」など優れた価値づけを意味する内容が含まれ、「負の誘発性」には「不道徳な」「不愉快な」「非情な」など否定的な価値をもつ内容が含まれます。また、「正の情動性」には「社交的な」「話好きな」「活気に満ちた」などポジティブで楽しい気分を表す内容が含まれ、「負の情動性」には「神経質な」「イライラする」「欲求不満」などの内容が含まれます。勤勉性と調和性については、ビッグファイブとほぼ同じ内容なのですが、「因習性」には「伝統的な」「厳格な」「平凡な」といったビッグファイブの開放性とは逆方向の内容が含まれていました。

しかし現在のところ、性格特性の六因子モデルも七因子モデルも、ビッグファイブのように多くの研究者が支持しているわけではないようです。

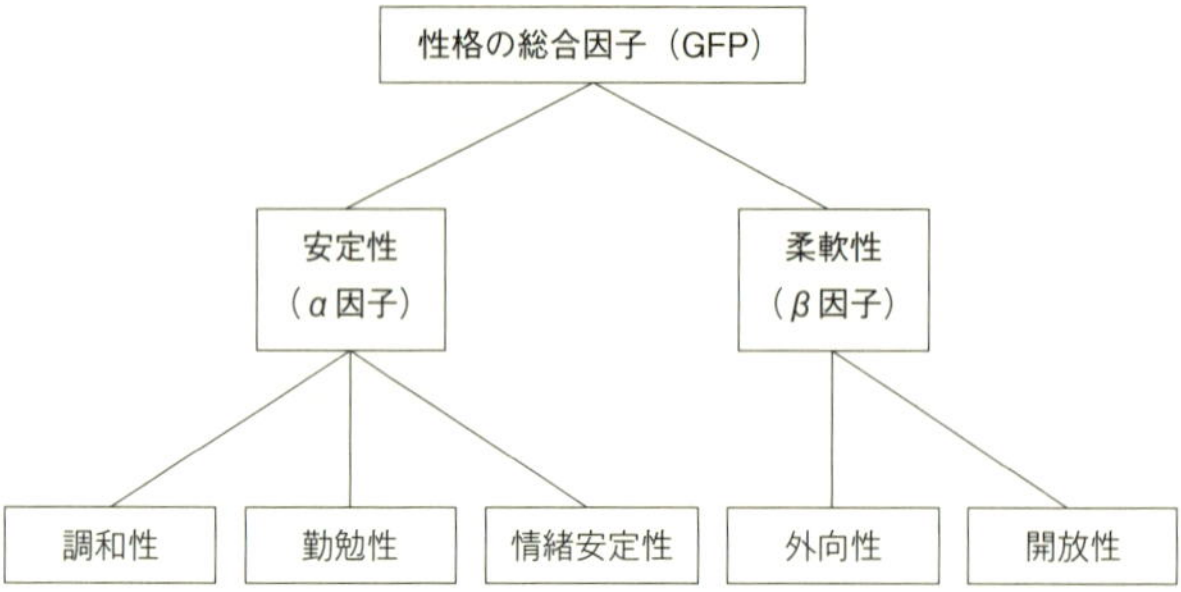

図4-2　五つでは多すぎる？

五つでは多すぎる？

逆に、ビッグファイブの五つの特性をもっと集約することができる、という研究者もいます。これらも、数多くのデータを用いた統計的な分析から導かれています。

たとえばアメリカの性格心理学者ディグマン[15]は、ビッグファイブの測定が行われた一四の研究を用いてメタ分析（九六頁、一〇〇頁を参照）を行い、「調和性」「勤勉性」「情緒安定性（神経症傾向の逆）」の上位にひとつの因子を、「外向性」「開放性（知性）」の上位にもうひとつの因子を設定することができることを示しました。彼は、前者を「α因子」、後者を「β因子」と名づけています。また、性格と大脳活動の研究でも知られるアメリカの心理学者デヤングら[16]も、ディグマンと同じような上位の因子を見出し、「調和性」「勤勉性」「情緒安定性（神経症傾向の逆）」の上位の因子を「安定性（Stability）」、「外向性」「開放性（知性）」の上位の因子を「柔軟性（Plasticity）」と名づけています。

さらに、です。近年、カナダの性格心理学者ラシュトンとイギリスの性格心理学者アーウィング[17]は、ディグマンやデヤングらの二因子の上位にさらに共通するひとつの因子、「性格の総合因子

(general factor of personality：ＧＦＰ)」がみられるというデータ上の証拠を、数多く発表しています（図４－２)。ラシュトンらのモデルについては、筆者が参加した海外の学会でもさかんに議論が行われていました。単に測定上に生じるだけの人工的な結果であるのか、本当に人間の性格にはたったひとつの共通する要素があるのか、最終的な結論はまだ出ていない状況です。

現在のところ、性格を五つの大きなまとまりで表現するという説が有力です。しかし、研究者のなかには「それでは足りない」という人も、「それより少なくていい」という人もいます。きっと数十年経つと、またちがう説が主流になるのではないでしょうか。心理学も他の科学と同様に、調査方法も、検査方法も、統計処理手法も日々進歩しています。

将来を予想するのはなかなか難しそうです……。

現代の心理学では

現代の心理学では、類型論ではなく、特性論による性格の把握が行われています。少なくとも、性格を測定するときには連続量として測定します。

類型論も使わないわけではありません。身長に基づいて「背の高い人」と「背の低い人」を分けるように、まずは性格を連続する量として測定しておいて、なんらかの基準で分類することによって類型化するのです。

人間のもともとの思考形態が類型的ですので、特性論には少しなじみがないかもしれません。しかし重要なことは、両者を使い分けられるようになることです。ゲームに登場するキャラクターの特徴を記述するときには自然とそれができているのですから、人間を記述するときにもできるはずだと思います。

性格によって人間を分類することも、特性として表現することも、「説明のしかた」であることに変わりはありません。

心理学の論文でも、説明に必要なときには人間を分類したモデルを使います。とくに、わかりやすく説明したいときには類型モデルは役に立ちます。

その一方で、人々を分類することを突き詰めていくと、どこかで「無理」が生じてくることもあります。私たちはつい分類し、あちらのグループとこちらのグループとのちがいを強調したくなるのですが、欠点もあるのだということを少し心にとどめておくとよいのではないでしょうか。

第五章　「三つ子の魂百まで」はほんとうか

横断的研究と縦断的研究

何年も前のことです。ある研究者と、「日本のマンガとアメリカのマンガのどこがちがうか」という話をしたことがあります。

たとえば、鳥山明氏の『ドラゴンボール』の孫悟空と、アメリカンコミックの代表『スーパーマン』とはどこがちがうかを考えてみます。前者は、強い相手に出会うたびに修行し、徐々に強くなっていきます。その一方で後者は、スーパーマンとなったほぼ最初から、最大限の力を発揮するようなストーリーになっています（もちろん、長い歴史のなかで、スーパーマン自身も変化してきているはずですが）。

他のところでこういう話をしたとき、「日本では、以前のマンガは主人公がどんどん強く、技も多彩になっていく話が多かったが、最近は生まれながらに才能をもつ場合が多いのではないか」という意見をもらったことがあります。しかし、私は最近のマンガの流行を把握しているわけではないので、はっきりとした結論をいうことはできません。

さて、いずれにしても、人間の特徴は、安定していて変化しないものなのでしょうか。小さなときの特徴は、そのまま大きくなっても引き継がれるのでしょうか。あるいは、どんどん変化していくものなのでしょうか。

性格は変化しないという説

心理学の歴史のなかでは、ある年齢に達して以降、性格はほとんど変化しないという説が主流だった時期がありました。

たとえば、一九世紀のアメリカを代表する心理学者であるジェームズは著書のなかで、「三〇歳を過ぎると性格（character）は石こうのように固まり、二度と変化することはない」と述べています。(1)また、五因子理論を提唱したコスタやマクレーも、三〇歳以降は性格が変化しないということを述べています。(2)

以前は、性格はある一定の年齢を過ぎるとほとんど変化しないと考えていた心理学者が数多くいたのです。ジェームズが石こうで例えたように、年齢にともなって性格が固定化し、変化しにくくなっていき、ある年齢になるとそのまま形が変わらなくなるというイメージです。実は私の知る範囲でも、性格の変化についてこのようなイメージをもっている人は数多くいるようなのです。

しかし、最近の心理学では、そのイメージが変化してきました。それは、性格の変化を扱う研究が数多くみられるようになってきたからであり、それらの研究を通して、実際に「変化していく」ことが明らかになってきたからです。

赤ちゃんの気質にみられる三つのタイプ

心理学では、三歳頃までの心理学的個人差を「気質（temperament）」といいます。人間は、生後数日ですでに行動上の個人差が観察されます。ある赤ちゃんは刺激に強く、いつも穏やかにしている一方で、別の赤ちゃんは刺激に弱く、ちょっとしたことで泣きつづけます。このような行動や反応の個人差を、気質というわけです。

心理学では、気質を測定するための行動のチェックリストが開発されており、それを使って赤ちゃんの観察から気質を判定する研究が行われています。いわゆる性格（パーソナリティ）と呼ばれるものが測定できるのは、子どもが十分に言葉を使えるようになってからです。

気質に関する研究から、赤ちゃんは、気質の中身によっておおよそ三種類の子どもに分類できることが明らかになっています。

第一に、「扱いやすい子（easy child）」と呼ばれるグループです。この子たちは、新しい場面に慣れやすく、いつもニコニコとして気分が良さそうです。生活のリズムも安定しており、毎日の生活で苦労が少ない、親にとって育てやすい子どもです。

第二に、「扱いにくい子（difficult child）」です。このグループの子どもたちは、機嫌が悪いことが多く、親から離れたがりません。新しい状況に置かれるとむずがり、なかなか安定しません。生活リズムも不規則なことが多く、親は「育てにくい」と感じるそうです。

そして第三のグループは、「エンジンがかかりにくい子ども（slow-to-warm-up child）」と呼ばれる子どもたちです。このグループの子どもたちは、あまり活発ではなく、活動の水準も低いのですが、新しい場面や刺激に徐々に慣れていく特徴をもちます。

ちなみに、この第三のグループは「エンジンがかかりにくい」と表現されています。ところがこれは、誤訳だと思います。大学時代、私は外国製の中古車に乗っていたことがあります（最後は故障してしまいましたが……）。そういった古い自動車では、エンジンをかけて走り出す前に「暖機運転」ということをしていました。これは、走り出す前に冷えたエンジンを暖めておくことです。暖機運転をすることで、人間が準備運動をするように、自動車のエンジンが故障することを防ぐわけです。このような暖機運転を"warm-up"といいます。したがって、「エンジンがかかりにくい子ども」ではなく「（走り出す前の）暖機運転に時間がかかる子ども」というのが正しい訳ではないかと思います。

横断的研究と縦断的研究

人間の心の発達を研究する、発達心理学という心理学の領域があります。この心理学の領域では、行動パターンや心理的な特徴が、年齢や学年といった時間の経過にともなってどのように変化していくのかを明らかにしようとします。

たとえば、年齢が重なるとともに友人との付き合い方は変化していくのでしょうか。小学生から中学生、そして高校生から大学生へと、友人との付き合い方のパターンは変わっていくように思えます。さらにそこには、多くの人に共通する一般的な法則があるのでしょうか。小学生に共通する友人関係のパターンから、中学生・高校生・大学生それぞれに共通するパターンを見出すにはどうしたらよいのでしょうか。発達心理学では、このような「時間による変化」を扱うために、いくつかの独特な研究手法が用いられています。

ひとつは、横断的研究です。これは、ある時点で異なる年齢集団から、一気にデータを集めていく研究手法です。たとえば、小学生一〇〇名、中学生一〇〇名、高校生一〇〇名に、いつも一緒に遊んでいる友人数をたずねたとします。すると、その平均値が一〇人、六人、三人だったとしましょう。そしてこの結果から、学校段階が上がっていくにつれて、遊び相手が限定されていくということを結論づけます。

もうひとつは、縦断的研究です。これは、同一の個人や集団から、時間を経て繰り返しデータを得ていく研究手法です。たとえば、今年小学五年生の一〇〇名に、いつも一緒に遊んでいる友人数をたずねたところ、その平均が一〇人でした。三年後、その子たちが中学二年生になるまで待って、同じ質問をしたところ、その平均は六人でした。さらに三年後、その子たちが高校二年生になるまで待ち、同じ質問をすると平均は三人でした。

横断的研究の長所はどこにあるのでしょうか。ひとつは、研究する期間が短く、お金や労力もそれほどかからずに済むことです。複雑な統計処理に耐えられるような多くのデータを、一度に集めることができます。

その一方で短所は、実際の変化を調べているわけではないという点にあります。横断的研究で得られた結果は、あくまでもある時期に同時に存在している異年齢集団間の差にすぎないのです。そこで得られた差は、もしかすると生まれた時期の差なのかもしれません。

では、縦断的研究の長所はどこにあるのでしょうか。最大の長所は、同一人物を、時間を超えて追っていくことから、実際の年齢変化をとらえることができる点にあります。縦断的研究は、まさに時間的な変化をとらえているのです。

その一方で最大の短所は、長年の研究期間が必要な点にあります。長期的に研究費を確保し、継続的・計画的にデータ収集を行っていく必要があります。ときには数十年もかけた縦断研究が必要となる場合もあるのですが、そのような場合には、調査対象者を長年フォローアップしていくだけでも大変で、多くのデータを継続的に集めることが難しくなっていきます。

両者はそれぞれ、長所も短所もある研究方法です。実際には、ある研究テーマについて、それぞれの研究者ができる範囲でデータ収集を行っていきます。もしも、横断的研究と縦断的研究で同じような結果が得られるのであれば、何の問題もありません。

しかし、結果が異なってくる場合には問題になります。なんらかの形で、結果のすり合わせが必要になってきます。そのようなときに、メタ分析という研究手法が用いられることが多くなっています。メタ分析とは、すでに公表されている複数の研究結果を統合して、さらに統計的な分析にかけることで、全体としてどのような傾向が生じているといえるのかを検討していく研究手法です。

コーホート研究

生まれた時期は、明らかに行動パターンや心理的なパターンに影響を及ぼすと予想されます。たと

表5-1　標準コーホート表

	1980年	1985年	1990年	1995年	2000年
0歳	A	B	C	D	E
5歳	F	A	B	C	D
10歳	G	F	A	B	C
15歳	H	G	F	A	B
20歳	I	H	G	F	A

えば、生まれたときにインターネットが普及している世代と、まだ普及していない世代とでは、対人関係や情報収集方法にちがいが生じてくることが予想されます。そして生まれたときの社会情勢のちがいは、その後の年齢にともなう変化にも影響を及ぼす可能性があります。またさらに、五歳のときに携帯電話が普及するか、一五歳のときに普及するかといったちがいも、対人関係や情報収集方法に影響する可能性があります。

このような問題を解決する研究手法が、コーホート研究と呼ばれるものです。これは、縦断的研究と横断的研究の短所を補うための研究手法でもあります。

コーホートとは、一定の時期に同じようなことを経験した人々、という意味です。一定の時期に生まれた人々のことだと考えてもらえばよいでしょう。

表で説明しましょう。表5－1は、標準コーホート表と呼ばれるものです。コーホート研究では、ある年齢集団を追跡していくのと同時に、別の世代の調査もあわせて行っていきます。たとえば、一九八〇年に生まれた「A」の集団に対して、一九八五年にも調査を行うのですが、そのときに新たに生まれた「B」という集団にも調査を行います。次は一九九〇年の時点です。最初から追跡している集団「A」と、一九八五年から追跡をスタートさせた「B」、そして新たに生まれた「C」に対して調査を行います。同じように、一九九五年、二〇〇〇年にも調査を行っていくというやり方です。完全に表のようなデータを得ることは非常に難しいので、この表の一部を満たすような形で研究が行われていくことが多いといえます。

コーホート研究によって、三つの視点からデータを分析することができます。第一に、表5－1の同じアルファベットの部分を左上から右下へと比較することで、縦断的研究のような時間の経過に伴う個人の変化を検討することができます。第二に、表5－1において一九八〇年の枠を縦方向（AFGHI）に比較することで、横断的研究のような同時期の異年齢集団の差を検討することができます。そして第三に、表5－1においてゼロ歳の枠を横方向（ABCDE）に比較することで、生まれた時期による差を検討することもできるのです。

「三つ子の魂百まで」ってほんとう？

三歳までの気質がその後の性格にどの程度影響を及ぼすのでしょうか。この答えを導くためには、縦断的研究を行う必要があります。縦断的研究というのは、三歳のときに気質を測定した子どもたちを、そのままずっと大人になるまで追跡調査していくような研究方法のことです。このような研究は前述のとおり、当然時間や労力がかかります。

パーソナリティ発達を研究している心理学者カスピ(3)は、ニュージーランドのダニーデンという町で行われた大規模な調査研究を分析しています。この研究では、一〇〇〇人以上もの三歳児に気質検査を実施し、その後、追跡調査が行われました。三歳児に調査を行ったのは、一九七二年から一九七三年にかけてでした。そして、その子たちが五歳、七歳、九歳、一一歳、一三歳、一五歳、一八歳、二一歳になった時点で追跡調査が実施されたのです。最後の調査の段階で、ニュージーランドだけでなくオーストラリア、ヨーロッパ、北アメリカなどに住んでいる者もいました。

カスピは、三歳時点における三つの行動の特徴に注目しました。

ひとつは、適度に自信をもち、必要なときには自己統制がとれ、新奇な人物や状況に直面しても過度に取り乱したりしない「よく順応するタイプ」です。これは気質の類型でいえば「扱いやすい子」に相当します。

二つめは、衝動的で落ち着きがなく、反抗的で気が散りやすい「統制不十分なタイプ」です。これは気質の類型でいえば、「扱いにくい子」に当てはまります。

三つめは、感情を表に出さずおびえがちで、見知らぬ人を前にすると取り乱しがちな「抑制的なタイプ」です。これは「エンジンのかかりにくい子」（誤訳だとすれば「暖機運転に時間がかかる子」）に相当します。

カスピの研究によると、とくに三歳の段階で「統制不十分なタイプ」と「抑制的なタイプ」であった子どもたちは、一八歳段階の性格をある程度予測していました。つまり、三歳で「統制不十分なタイプ」と分類された子どもたちは、一八歳の段階でより自己統制が低く、損害回避傾向（危険を避ける傾向）が低く、攻撃性や疎外感が高い傾向にありました。その一方で、三歳で「抑制的なタイプ」と分類された子どもたちは、一八歳の段階でより自己統制や損害回避が高く、攻撃性や社会的勢力（他者への影響力の大きさ）が低い傾向にありました。

さらに、三歳の段階で「統制不十分なタイプ」と「抑制的なタイプ」であった子どもたちは、「よく順応するタイプ」の子どもたちよりも、二一歳の段階での対人関係上の問題をより多く報告する傾向にあり、うつ病やアルコール依存など不適応状態におちいる確率が高かったことが報告されています。

カスピの研究をみると、三歳段階の気質の差が、その後の人生を決定づけてしまうように思えてきます。ところが論文を読むとわかるのですが、いずれも「決定的な影響力をもつ」というのは言い過ぎであるような影響力の大きさです。たしかに、「統制不十分なタイプ」や「抑制的なタイプ」と判断された子どもたちは、その後の成長のなかで確率的には少し問題が生じてくるようなのですが、とても「かならずそうなる」とはいえません。

メタ分析から

もうひとつの研究をみてみましょう。アメリカのパーソナリティ心理学者ロバーツたちによる研究(4)です。

ロバーツらは、カスピが行ったような縦断的研究に基づく論文を数多く集めました。いくつかの基準を満たす論文を、論文データベースから探し、最終的に一五二本にのぼる論文を探し出したのです。これらの論文はいずれも、性格検査をさまざまな年代で同一対象者に複数回実施している論文です。ロバーツらはこれらの論文の結果から、メタ分析を用いて結果を統合していきました。先に説明したように、メタ分析とは過去に行われた研究の結果を統合し、統計的な手法を使いながら、より信頼できる結論を導いていくという研究手法です。

ロバーツらのメタ分析によると、三歳までは性格（気質）はあまり一貫せず、比較的変化しやすい状況にあることがわかりました（相関係数では〇・三程度）。そして三歳以降、大学生くらいまでの時期は、中程度の一貫性を示していました（相関係数で〇・四～〇・五程度）。その後、年齢を経るにしたがって一貫性は増加していき、五〇歳代以降では比較的高い一貫性を示していました（相関係数で〇・七以上）。

研究からわかること

カスピの研究では、三歳の段階の気質がその後の年齢でも一定の影響力をもっていたのですが、ロバーツらのメタ分析からもたしかにある程度の一貫性を示していることが明らかにされています。とくにロバーツらの研究は、成人期以降において性格の大きな変動が起きにくいことを示唆しています。しかし、変化しないとはいえません。

一般的にはよく、「三つ子の魂百まで」などといわれ、「三歳までに性格は決まってしまう」と信じている人も多いと思います。ところが、研究で示されている数値をみると、性格は一般に信じられている以上に、変動しやすいということができるのです。

大人になっても性格は変化しつづけるのか

とはいえ、さすがに大人になってからは、あまり性格は変化しないのではないか、と考える人も多そうです。では、実際の研究をみてみましょう。

再び、アメリカのパーソナリティ心理学者ロバーツたちの別の研究を取り上げましょう。(5) 彼らは、年齢にともなう性格得点の平均値の変化を確かめるために、縦断的なデータ収集法が用いられた数多くの論文を集めました。最終的に九二の研究結果が集められ、メタ分析を行うことで、年齢にともなう性格得点の変化を推定していきました。

彼らが行ったメタ分析の結果から、次のようなことがわかりました。

第一に、社会的優位性（外向性を構成する成分の一部）や勤勉性、情緒的安定性は、年齢を経るにしたがって生涯にわたって上昇していきました。とくに二〇歳から四〇歳頃には、これらの得点は大きく上昇する傾向にありました。なお、ここでは情緒安定性という言葉を使っています。これは神経症傾向の逆の意味です。神経症傾向として考えた場合には、生涯にわたって低下していく傾向にあるということです。

第二に、社会的活力（これも外向性を構成する成分の一部です）や開放性は、青年期に上昇していました。その一方で、これらの得点は六〇代以降になると低下していきました。

第三に、調和性も生涯にわたって上昇する傾向にありました。とくに五〇代以降で大きく上昇していました。

これらの結果からわかることは、成人期以降も年齢にともなって、性格は変化していく可能性が十分にあるということです。しかもその変化には、多くの人に共通する方向性が存在しているようです。

世代別・性別に性格を比べたアメリカとカナダの研究

次に、横断的研究による研究成果もみてみましょう。アメリカのパーソナリティ心理学者スリヴァスタヴァたちの研究です(6)。この研究では、アメリカとカナダ在住の一三万人にものぼる大規模なインターネットによる調査を分析しました。年齢範囲は二一歳から六〇歳まで、男女はほぼ半々でした。回答者のおよそ八六パーセントが白人です。使用された性格検査は、ビッグファイブの五つの性格特性を測定するものでした。

年齢による変化を検討した結果は、おおよそ次のようなものでした。

外向性については、女性は大きな変化はみられないものの、三〇歳以後やや低下していました。男性については、ほんの少しずつですが年齢とともに上昇していく傾向がみられました。

調和性については、男女とも年齢にともなって上昇し、中年期にピークを迎える傾向がみられました。

勤勉性については、男女とも二一歳から六〇歳にかけてずっと上昇しつづける傾向がみられました。

開放性については、女性については二〇代の間上昇し、三〇代以降は低下する傾向がみられましたが変化は非常に小さなものでした。男性の場合には、とくに三〇代以降に大きく低下する傾向がみられました。

神経症傾向については、女性の場合には若い時に高く、年齢とともに低下する傾向がみられました。男性の場合には全体的に女性よりも低く変化が小さいのですが、年齢とともに低下する傾向がみられました。

イギリス人とドイツ人の性格を世代別に比べた研究

次にヨーロッパで行われた、横断的研究の結果をみてみましょう。ドネーランとルーカスの研究です[7]。

この研究で扱っているデータは、イギリスとドイツの大規模な調査に基づくものです。イギリスのデータは一万四〇〇〇人以上、ドイツのデータは二万人以上の人々から得られたものであり、ともに一六歳の若者から九〇代のお年寄りまでの年齢段階が含まれていました。使用した性格検査は、ビッグファイブの五つの性格特性を測定するものでした。

結果から、次のような年齢にともなう変化が明らかにされました。

外向性については、年齢にともなって緩やかに低下していくこと、またその低下の度合いは、イギリスのデータのほうがやや大きいという結果でした。

調和性については、イギリスでもドイツでも年齢にともなって緩やかに上昇する傾向にありました。

勤勉性については、イギリスでもドイツでも、一六歳から四〇歳頃にかけて上昇し、その後イギリスでは年齢とともに低下傾向にありますが、ドイツではほぼ横ばいという結果でした。

開放性については、イギリスでもドイツでも一〇代から二〇代が高く、その後は低下傾向にありました。

神経症傾向については国による年齢変化のちがいが大きいようで、ドイツでは年齢とともにやや上昇傾向に、イギリスでは下降傾向にありました。

表5-2　アメリカ・カナダ、イギリス、ドイツにおける性格の年齢変化

性格特性	アメリカ・カナダ	イギリス	ドイツ
外向性	・男性は年齢とともに少しずつ上昇 ・女性は30歳以後やや低下	・年齢とともに低下ドイツよりも低下の程度が著しい	・年齢とともに低下
調和性	・男女とも年齢とともに上昇	・年齢とともに少しずつ上昇	・年齢とともに少しずつ上昇
勤勉性	・男女とも年齢とともに上昇	・16歳～40歳にかけて上昇した後、年齢とともに低下	・16歳～40歳にかけて上昇した後、横ばい
開放性	・男女とも30代以降は低下 ・男性のほうが大きく低下	・10代～20代が高く、その後は低下	・10代～20代が高く、その後は低下
神経症傾向	・男性は年齢とともに少しずつ低下 ・女性は20代が高く30代以降は低下	・年齢とともに低下	・年齢とともにやや上昇

ドネーランとルーカスの研究結果には、スリヴァスタヴァらの研究やロバーツらの研究と共通している部分があります。

たとえば、調和性が年齢とともに上昇していく傾向にあることです。年をとると、周囲の人々のことを考え、利他的に振る舞うようになっていくようです。

また、開放性は青年期が高く年齢を経ると低下していくことも共通した知見です。知的好奇心の高さや柔軟な思考、空想する傾向などは青年期に最も高く、成人期以降では低下していくようです。

勤勉性については、三〇代から四〇代にかけて上昇していく点が共通していました。やはり、社会に出て働くということが、勤勉性という性格特性を伸ばしていくようです。

神経症傾向については、国による年齢変化のちがいや性別によるちがいが示唆されます。ロバーツらの結果は、ドネーランとルーカスの研究結果のうち、

イギリスの変化と似たものになっています（表5－2）。

日本では

残念ながら日本では、まだこれらの論文のような十分なデータが蓄積されていません。もしかしたら、日本独自の年齢変化がみられるかもしれませんが、それはまだわからない状況にあります。なお、このような研究が行われていないわけではありません。今後は日本の研究成果も発表されていくことでしょう。ぜひ、研究が蓄積されていくことを楽しみにしていましょう。

いずれにしても、これまでの心理学における研究成果からは、生涯にわたって性格が変化しつづけていくのは確かなようです。性格は固まってしまう石ころのようなものではなく、力を加えることで少しずつ変化しつづける、柔らかい粘土のようなものだといえるでしょう。

第六章　子どもの性格は親に似るのか

遺伝子の確率的な影響

私の子どもたちはみな、男の子も女の子も小さいときに「お父さん似ですね」といわれていました。それには妻は少し不満だったようです。

しかし、妻の小さな頃の写真を見てみると、実は子どもたちとそっくりで、むしろ私の小さな頃と子どもたちは似ていない、ということがありました。今の私と子どもは似ていて、今の妻と子どもは似ていないのですが、私の子どもの頃と自分の子どもは似ておらず、妻の子どもの頃のほうが似ていたのです。何をもって「似ている」と考えるかは、意外と難しいものだと感じた瞬間でした。

子どもが生まれるとかならずといっていいほど聞かれる台詞のひとつは、「この子が父親似か、母親似か」ではないでしょうか。「やっぱり目のあたりがお父さんに似ているわね」「お母さんの小さい頃にそっくりね」「親子なのに、あんまり似ていませんね」など。親子が似ているかどうかは大きな関心をもってみられる話題です。

似ているか、似ていないかという問題

みなさんはよく、「似ていますか？」「似るのですか？」とたずねるのですが、「似ているか、似ていないか」というのは、非常に曖昧で主観的な判断です。たとえば、図6－1を見てください。上の図形は、下の（A）と（B）のどちらのほうに似ていると思いますか？

上の図形に対して、（A）は細かい部分が同じ図形となっていますが、全体としては異なる形、（B）は全体としては同じ形ですが、細かい部分は異なる形をしています。このような図形パターンを数多く提示して、「どちらが似ていますか」とたずねていくと、（A）のほうが似ていると答える人と、（B）のほうが似ていると答える人の両方が存在することがわかるのです[1]。

つまり、「似ている」というのは、個人がどこに注目して判断するかによるのです。父親は背が高く丸顔で、母親は背が低く細い顔だとしましょう。子どもは背が高くて細い顔だったとしたら、「父親似だね」というか「母親似だね」というか、どちらでしょうか。この問題は、先ほどの図形の問題と同じようなものだということがわかるでしょう。

さらに性格は、身長や顔の形のように直接目にすることができるものではありません。したがって、「どこに注目するか」という点でさらに曖昧になります。

自分の子どもが攻撃的な子どもであるのか、やさしい子どもであるのか、明るい子どもであるのか、またそれらの特性（攻撃性、やさしさ、明るさ）がどの程度であるのかは、他の子と比較してみないとよくわからない、ということが多いのではないでしょうか。そのような視点を必要とする性格については、ぱっと見ただけで「どちらに似ている」と判断することも、実は非常に難しいことなのです。

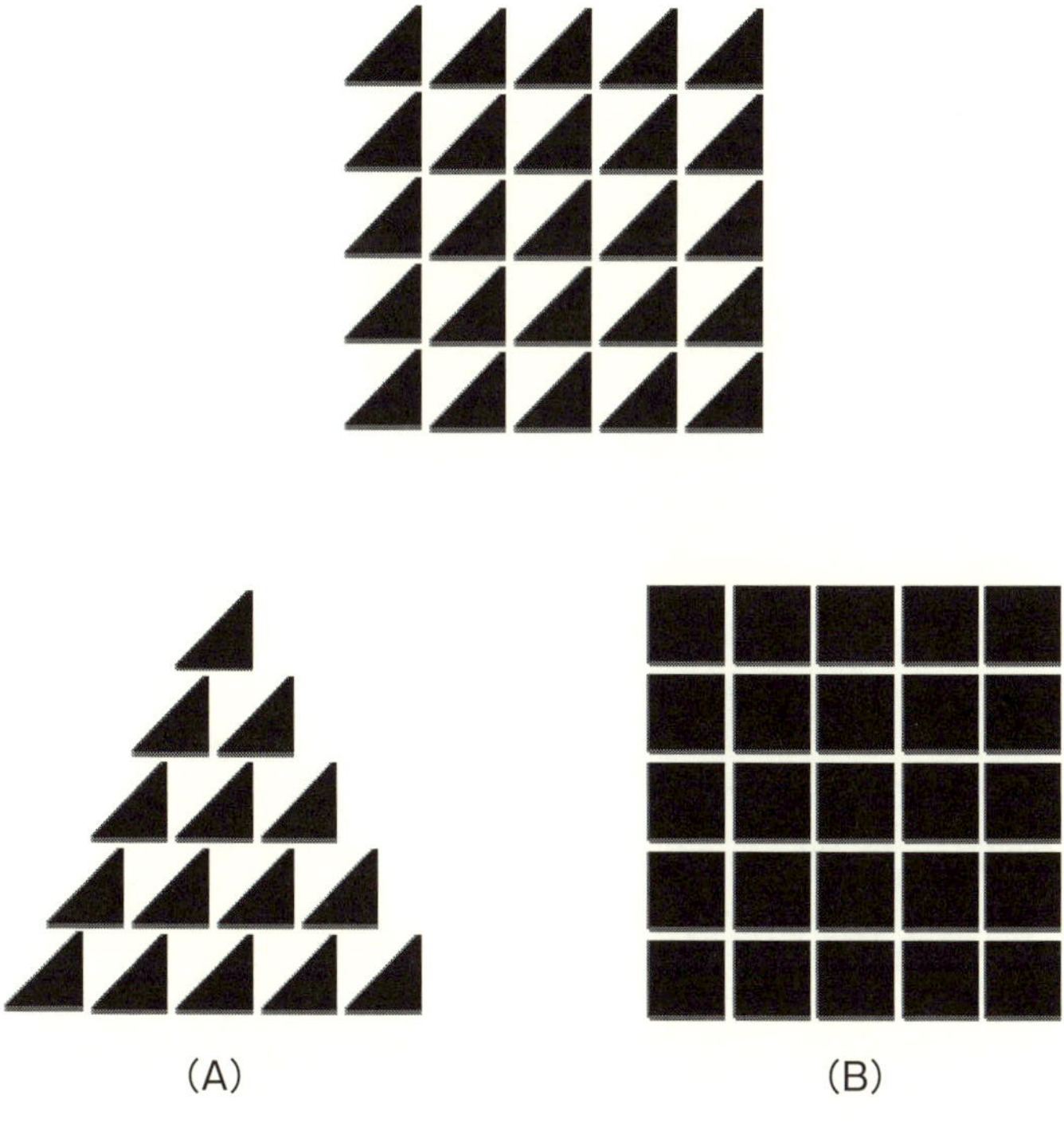

図6-1　上の図形は、(A)と(B)のどちらのほうに似ているか
(吉本・高木, 2005 を改変)[1]

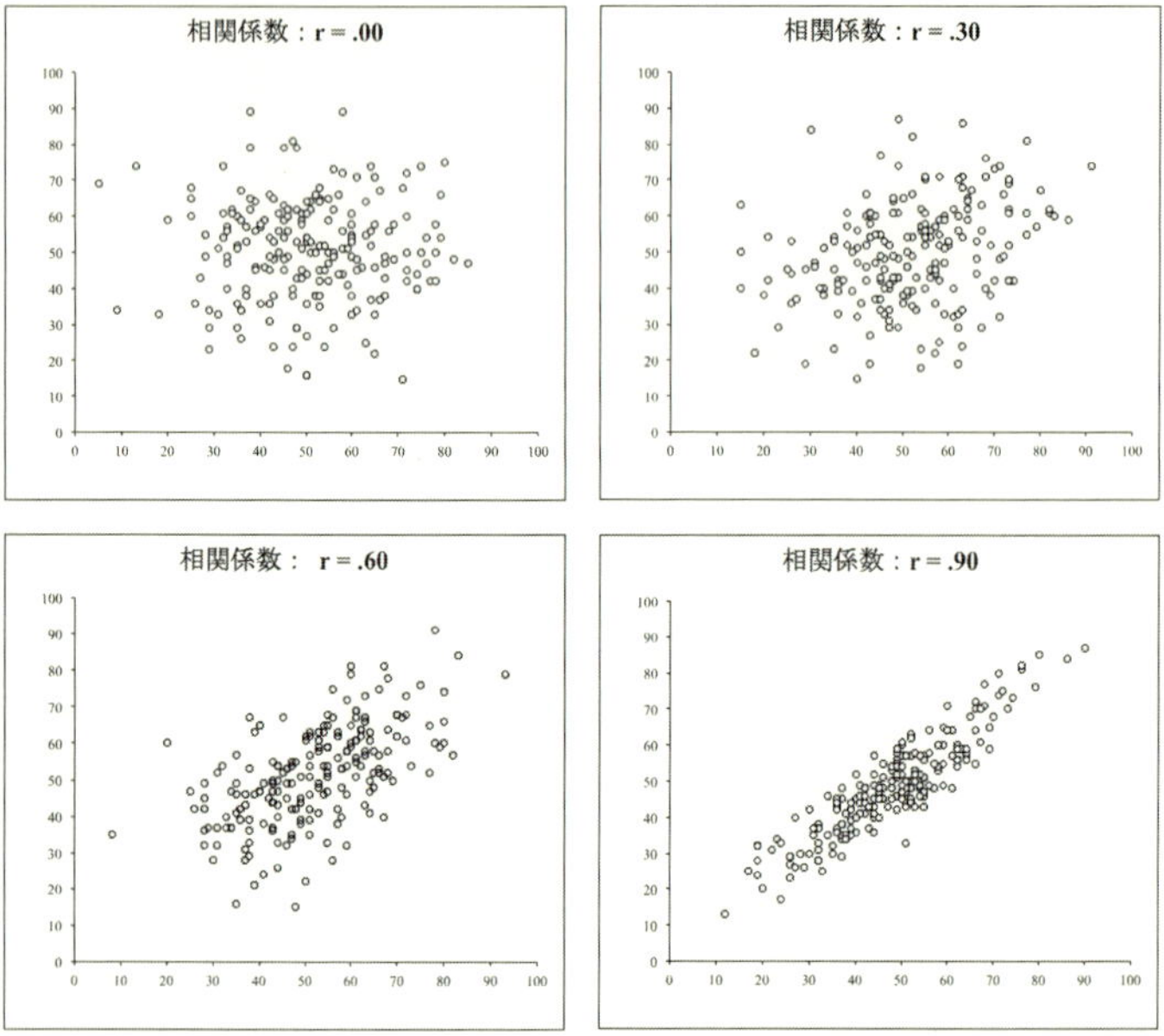

図 6-2　散布図と相関係数

そこでこの問題を考えるときには、心理学的な測定とデータの統計的な分析が必要になってきます。

相関係数に注目

周りと比較しながら関連を示すために、相関係数という統計指標に注目してみましょう。相関係数とは、図6－2のような散布図の関連を数値で表現したものです。相関係数は、マイナス一・〇〇からプラス一・〇〇までの値をとり、ゼロのときはまったく関連なし、と判断します。たとえば、横軸を「母親の外向性得点」とし、縦軸を「子どもの外向性得点」としましょう。図の中には多くの「〇」が描かれているのですが、母子の一組のペアはひとつの「〇」で表現されています。なお、図のそれぞれの散布図には、二〇〇ペアの「〇」が描かれています。相関係数という数値は、この「〇」の全体的な「傾き」と「バラつきの大きさ」を数値化したものだと考えてください。傾きが不明瞭でバラつきが大きいと、相関係数はゼロに近づいていき、傾きが明確でバラつきが小さいとプラスマイナス一・〇〇に近づいていきます。

もしも、母親の外向性と彼女の子どもの外向性との間にまったく関連がみられないとすれば、図の左上のような散布図になり、相関係数（ｒという記号で表現します）はゼロとなります。この場合には、母親の外向性が高かろうが低かろうが、子どもの外向性の高さ（低さ）とは無関係になります。

もしも、母親の外向性と子どもの外向性との間に低い関連が認められるとすれば、図の右上のような散布図になり、相関係数は〇・三〇くらいになります。散布図を見ると、非常にバラつきが大きく、少しだけ左下から右上に全体の図が傾いていることがわかるのではないでしょうか。このような状態が「低い関連」となります。

もしも、母親の外向性と子どもの外向性との間に「やや強い関連」がみられるときには、図の左下のような散布図になり、相関係数は〇・六〇程度となります。右上の散布図よりもバラつきが小さく、左下から右上にかけての傾きがはっきりしてきているのがわかると思います。しかし、完全に母親の外向性得点と子どもの外向性得点が一致するというにはほど遠い状態であることもわかると思います。

もしも、母親の外向性と子どもの外向性との間に「非常に強い関連」がみられるのであれば、その散布図は図の右下のようになり、相関係数は〇・九〇となります。相関係数は、ほぼ一に近い値をとっ

表6-1　性格特性の親子間相関（森下，1979 を改変）[2]

	父親と子の相関	母親と子の相関
外向性	.02	.24 ＊
情緒安定性	.32 ＊	.28 ＊
強靭性	.32 ＊	.16

＊p ＜ .05（相関係数が統計的に有意であることを示す）

ており、母親の外向性が高ければ子どもの外向性もほぼ高く、母親の外向性が低ければ子どもの外向性も低い、というほぼ一貫した関連がみられていることがわかると思います。

親子の相関係数は

前置きが長くなりましたが、実際に研究発表されたデータをみてみましょう。少し古いものですが、日本でとられたデータを紹介します。和歌山大学名誉教授の森下正康は、女子短期大学生一四九名とその両親に対して、性格評定を含めた調査を実施しています。[2]

調査のなかには、短大生が自分自身の性格を評定した得点と、父親・母親がそれぞれ自分自身の性格を評定した得点がありました。性格特性としては、「外向性」「情緒安定性」「強靱性」という内容が測定されました。外向性と情緒安定性は、ビッグファイブに含まれる性格特性と共通しています。

ここでの疑問は、「子どもの性格は親に似るのか」ですので、短大生の自分自身の性格評定と、父親・母親それぞれの自分自身の性格評定との相関係数に注目します。この相関係数をみれば、親子の性格が似ているかどうかがわかることになるのです。

では、上の表6－1を見てください。三つの性格特性それぞれについて、父

表6-2　価値観の親子間相関（森下，1979を改変）(2)

	父親と子の相関	母親と子の相関
理念主義	.22 ＊	.10
享楽主義	.05	.21
利己主義	.15	.15
宗教性	.24 ＊	.21

＊ $p < .05$（相関係数が統計的に有意であることを示す）

親と子どもの間の相関係数と、母親と子どもの間の相関係数を示しました。アスタリスク（＊）は、統計的に意味のあるとされる相関係数（「統計的に有意な相関」といいます）につけられています。結果の解釈は、このアスタリスクがついた数値を中心に行われます。

表を見てわかるとおり、相関係数は高くても〇・三〇程度であり、先ほどの図6－2でいえば右上の散布図程度の関連しかみられません。親子とはいえ、性格の一致度は思ったよりも低いようです。

性格以外では

もしかすると、性格でなければ、もっと親子の関連が高くなるかもしれません。

森下の研究では、価値観についても調査が行われています。価値観というのは、物事の何が重要であると考えるかを意味します。上の表6－2を見てください。父親と子どもの価値観の相関係数も、母親と子どもの相関係数も、高くてせいぜい〇・二〇程度であり、性格特性よりもさらに低い相関となっていました。

さらに、もっとちがう側面ではどうでしょうか。

心理学者の松岡陽子と黒石憲洋は、対人関係スタイル（愛着スタイルと呼ばれます）の尺度を母親、父親、子ども（子どもの平均年齢は二八・五歳）に実施しました[3]。愛着スタイルは「安定型（secure）」「回避型（avoidant）」「矛盾型（ambivalent）」の三つの得点が算出されます。この研究結果は、母親が他者を信頼した対人関係を営むときに、子どもも同じような対人関係スタイルをもつのかどうかを検討したものです。ところが得られた相関係数は、母親と子どもの組み合わせでも、父親と子どもの組み合わせでも〇・二〇を上回ることはありませんでした。

このようにみてくると、性格や価値観、対人関係スタイルに関する母親と子どもの類似性、父親と子どもの類似性は思った以上に低いということがわかります。実際にデータがとられた研究からいえる結論は、「親と子は一般に思われているよりも、意外と似ていない」ということなのです。

遺伝の影響を調べるには

親子の性格や価値観、対人関係のスタイルがあまり関連しないということは、親から子へそういったものをもたらす遺伝子が伝わらないということなのでしょうか。

そうではありません。人間も生物である以上、多くの特徴は遺伝子の影響を受けます。ではここで、性格に対する遺伝の影響を調べるには、どのような方法があるかを考えてみましょう。

まず、性格は性格検査で調べるのが最も効率良く、確実だといえるでしょう。調べるのにそれほど労力がかからず、性格が数値化されるのでデータの分析にも適しています。もしも、言葉が十分に発達していない幼い子どもの性格を調べたいときには、行動を観察したり、その子をよく知っている大人に回答を求めたりするのがよいと思います。複数の大人が一人の子どもをみて、ある程度一致した回答をするようであれば、信頼性が高いと判断します。

遺伝子はどのように調べたらよいのでしょうか。人間の遺伝子はお金さえかければ解析することができます。ＤＮＡには三〇億もの塩基対があり、そのなかで情報として意味をもつ遺伝子だけでも二、三万あるといわれています。最も単純な方法は、ある場所の遺伝子に注目して、その遺伝子をもつ人ともたない人をグループに分け、性格検査の結果を比較していくことです。ところが、現実にはそれを、一つひとつの性格特性の得点（ビッグファイブなら五つですが、下位特性だとそれに三〇程度）ごとに、そして遺伝子（二万から三万）ごとに分析を繰り返していかなければなりません。その分析に耐えられるだけの大人数の調査参加者を集め、誤差を気にしながらひとつずつ分析を行っていくのは、大規模なプロジェクトを計画する必要がありそうです。

多因子形質

少し話は変わりますが、身長を決める遺伝子がひとつだけだとしましょう。わかりやすいように、身長を「高める遺伝子」と「低める遺伝子」があるとします。もちろん環境の影響もありますが、どちらをもつかで身長がある程度決まります。そのような場合、身長の分布はどのようになるでしょうか……おそらく、「高いグループ」と「低いグループ」だけが存在し、中間にはあまり人がいない分布となることでしょう。

しかし現実には、身長の分布は非常にきれいな正規分布を描きます。たとえば、高校三年生女子の平均身長は約一五八センチメートル、標準偏差は約五センチメートルですが、身長の分布は図６－３

のようになります。とても、「背が高い人」と「背が低い人」にはっきりと分かれるようには思えません。

では、環境が影響することによってこのような分布が生じるのでしょうか。しかし、みなさんの中にも経験がある人がいると思うのですが、身長は伸ばそうと思ってもなかなか伸びてはくれません。逆に女性の場合、身長が高すぎることで悩んでいる人がいるかもしれませんが、やはり身長の伸びを止めようと思っても、思うとおりに止まってはくれません。バレーボールやバスケットボールをすれば身長が伸びるかというと、そうとも限らず、もともと身長の高い人たちがそのようなスポーツで活躍できるので、多く見受けられるのだ、とも考えられます。

身長に影響を及ぼす遺伝子を考えた場合には、少数の遺伝子が影響を及ぼすのではなく、非常に数多くの遺伝子が影響すると想定したほうがデータに合っています。身長に対して多くの遺伝子が影響し、個々人はそれぞれの遺伝子セットをもつからこそ、図のようになだらかな個人差が生じると考えることができるのです。このような、多くの遺伝子に影響を受ける形質のことを多因子形質（ポリジーン形質）といいます。図のように、細かい個人差が生じる形質は、多因子形質である可能性が高いといえるでしょう。

話を性格に戻しましょう。図６－４は、私が実際にデータをとった、ある性格特性の得点分布です。

身長の分布のように、中央付近に位置する人が多く、左右の極端な値をとる人が少ないことがわかります。このような分布をとるということは、身長と同じように、多くの遺伝子がこの性格特性に影響を及ぼしている、すなわち多因子形質（ポリジーン形質）である可能性が高いということになりま

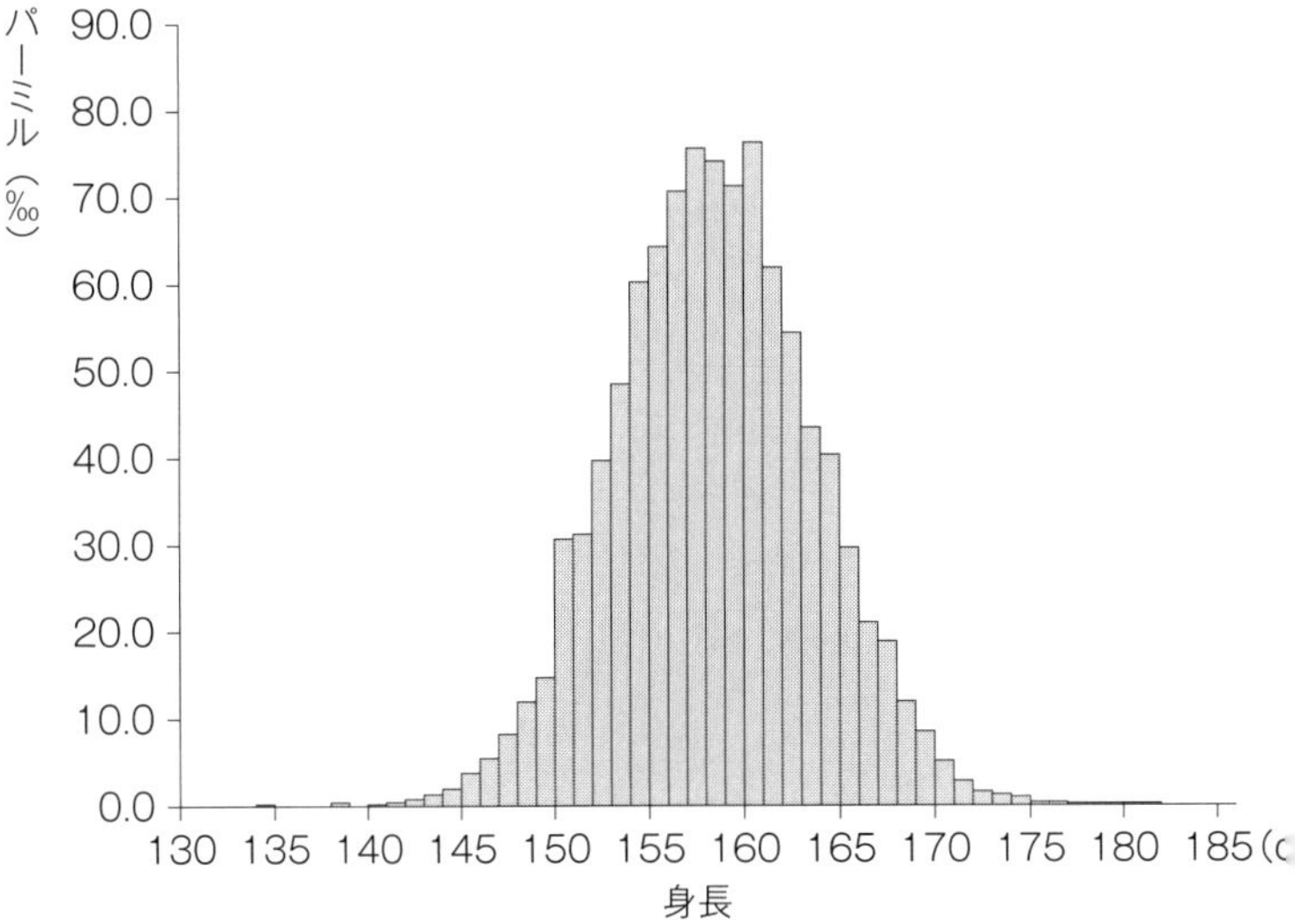

図 6-3　高校三年生女子の身長分布（文部科学省，2009 より作図）[4]

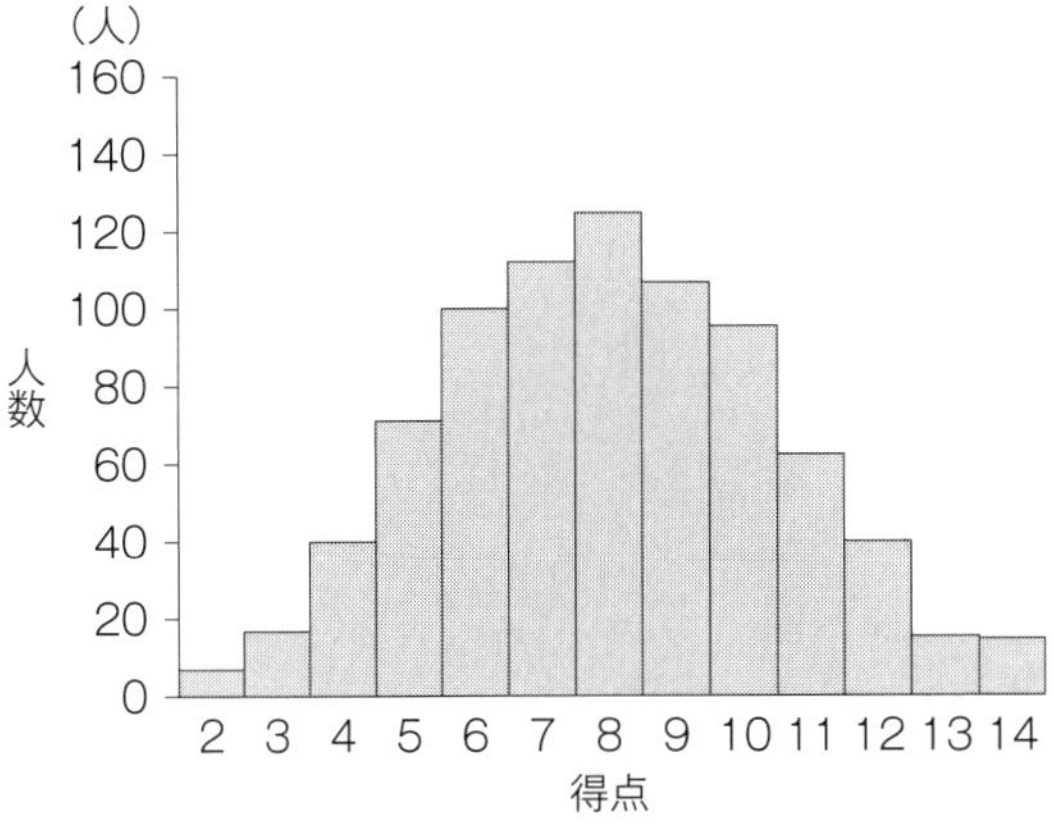

図 6-4　ある性格特性の得点分布

す。

遺伝子が性格に及ぼす影響力とは

それでは身長を高くする遺伝子とは、どういうことなのでしょうか。ある性格特性を高める遺伝子ということを考えると、ますますよくわからなくなってしまいそうです。

身長の場合は、たとえば、ある遺伝子をもつことでほんの少しだけ土ふまずが大きくなり、別の遺伝子をもつことで少しだけ背骨の一部の骨が伸び、また別の遺伝子をもつことで少しだけ頭蓋骨が分厚くなり……それらの作用が合わさることで、結果的に「身長が大きくなる」のです。

一つひとつの遺伝子は、それぞれが独自のはたらきをしているだけです。決して「身長を高めよう」という意志をもっているわけではありません。身長が高く（低く）なるのは結果論であり、それは個々の遺伝子について、ある観点から評価しただけにすぎないのです。ある遺伝子について考えたとき、身長を高めるかどうかという観点からは「高める遺伝子」となり、体重を重くするかどうかという観点からは「重くする遺伝子」であるといったように、評価の観点が変われば、個々の遺伝子の評価自体が変わってしまうことは、十分に考えられるのです。

たとえば、ある遺伝子をもつことで「足の骨が少しだけ長くなる」のであれば、それは身長を高くすることにとってはプラスの影響力をもちますが、足が長くなるのでスタイルの良さにもプラスの影響力をもち、足が長くなれば走るスピードにもプラスの影響力をもつかもしれません。その一方で、足の骨が長くなれば体重が増えますし、足が長いことで特定のスポーツの技能の習得にマイナスの影響力をもつ可能性も考えられます。

このように、あるひとつの遺伝子を取り上げただけでも、複数の視点から評価すればその遺伝子の評価は異なるものになってきます。

性格にかかわる遺伝子も、身長について考えた場合と同じようなものだといえます。たとえば、ある遺伝子をもつことは、少しだけ口角を上げて笑顔を強調するとしましょう。また別の遺伝子をもつことは、少しだけ声のトーンを高くし、別の遺伝子をもつことで少しだけ気分を高揚させるとしましょう。これらの遺伝子を数多くもてばもつほど、全体的な性格が「明るく」なっていくと考えるのです。

「親から子に遺伝する」と聞くと、多くの人が「親から子へ特徴がそのまま伝わる」と考えてしまうようです。しかし、実際にはそうではありません。伝わるのはあくまでも遺伝子であり、特徴そのものではないのです。

さらに、ここまでみてきたように、連続的に徐々に変化するような特徴に対しては、多くの遺伝子が影響を与えると考えられます。それは、父親と母親から受け継いだ色のついた水を混ぜ合わせて、新たな色をつくるようなものだといえます。絵の具であれば、赤と青を混ぜれば紫色と決まってくるのですが、遺伝子の場合には、混ぜ合わせてどのような色ができるかは、よくわかりません。

遺伝子の確率的な影響は

たとえば、一〇個の遺伝子が性格の「明るさ（暗さ）」に影響を与えると仮定してみましょう。(5) 父親は一〇個の遺伝子のうち五つが白で、母親は七つが白だとします。遺伝子どおりに性格がつくられるのであれば、父親は明るくも暗くもない中間的な性格であり、母親はやや明るい性格になると考えられます。

このとき、子どもはどの程度の「明るさ（暗さ）」になると考えることができるでしょうか。父親（白五個、黒五個）と母親（白七個、黒三個）の中間だと考えれば、この両親から生まれてくる子どもはすべて、白が六個で黒が四個の遺伝子をもつということになります。みなさんもそのように考えたのではないでしょうか。

ところが、実際にはかならずしもそうなるわけではありません。

遺伝子は、対応する場所にある二つのセットのうち片方だけが子どもに伝わります。二つのセットのうち片方ですから、これはまるでコイン投げをするようなものです。

たとえば、父親の遺伝子セットが次のようなものだとしてみましょう。

父親　○●○●●
　　　●○○○●

それに対し、母親の遺伝子セットは次のようなものだと仮定します。

母親　○○●●○
　　　●○○○○

このとき、子どもの遺伝子セットはどうなるかというと、父親の左右のセットのうち片方だけ、そして母親の左右のセットのうち片方だけが伝わることになります。

たとえば長女は、父親と母親から次のような組み合わせを受け継いだとします。

父親から　○○○○●　←右左左左右

母親から　○○○○○　←右左左左左

すると子どもは、一〇個中九個が白い遺伝子を受け取ることになります。

この両親のもとに、次女が生まれたとしましょう。そして、父親と母親から次のような遺伝子の組み合わせを受け取ったとします。

父親から　●●○●●　←左右右右右

母親から　●○●●○　←左左右右右

するとこの子は、一〇個中三つしか白い遺伝子を受け継がないことになるのです。家庭のなかでお姉さんとも比べられるでしょうから、ずいぶん「暗い」性格だと思われるのではないかと予想できます。

ではもう一人、弟が生まれたとしましょう。

父親から　○○○●●　↑右左右右右
母親から　○○●●○　↑右右右右右

このような遺伝子を受け取れば、性格の明るさは二人の姉の中間くらいになります。同じ両親から三人の子どもが生まれてきたのですが、三人とも異なる性格になってしまいました。この説明の場合、二名の姉は両極端なケースになり、弟は確率的に最もあり得る白い遺伝子の個数になっています。

しかし大事なことは、一組の両親から、どのような遺伝子の組み合わせをもって子どもが生まれてくるかは、確信できないという点です。確率的に中間程度が多いだろうと予想することはできますが、それもあくまでも確率の問題であり、どのセットをもつかはわからないのです。

さらに、ここではたった一〇個の遺伝子しか考えなかったのですが、実際には、ある性格特性に影響を及ぼす可能性のある遺伝子は非常に数多くあると考えられます。

このように性格の遺伝という観点から考えても、親と子は性格上の特徴がそのままつながっていると考えることは確率的に難しいといえるでしょう。親子の性格は思ったほど「似ていない」のです。

しかし、ちょっと待ってください。親子が長年一緒の家で暮らしているならば、同じ環境が親子に影響してもいるはずです。同じ環境にいるのだから、性格も似てくると考えるのもよくわかる話ではないでしょうか。

この点については、次章で詳しく説明したいと思います。

第七章　性格は遺伝と環境どちらで決まるのか

ゲノムワイド関連解析と双生児研究

同じ授業を聞いているのに、正反対の感想を述べる学生がいるときがあっておもしろいと思うことがあります。性格の遺伝や環境の影響力についての授業をするときが典型的です。

ある学生は「やはり性格は遺伝で決まるのですね」と感想用紙に書いてきます。しかし他の学生のなかには「性格は環境で変わってくるのですね」と書いてくるのです。

どうやら、授業を受ける前の自分の考えがどちらに偏っているかによって、授業の感想が変わってくるようなのです。ちょっと断定的ですが、このことから、「多くの学生は、素朴に性格が遺伝で決まると思っているか、環境で決まると思っているかどちらかだ」ということができそうです。

みなさんは、どのように考えているでしょうか。

ています。

遺伝優勢か環境優勢か

人間の性格や能力が遺伝で決まるのか、環境で決まるのかという問題は百年以上も論争の的になっています。

一九世紀、ダーウィン（Darwin, C. R.）の進化論が広く受け入れられたこともあり、人間の各種特性が遺伝で決まるという立場が優勢となっていきます。ダーウィンのいとこでイギリスの人類学者・統計学者であったゴールトン（Galton, F.）は、一九世紀終わり頃に優生学という学問を創始します。優生学という学問は、人々に介入し、人間の優れた遺伝的な特徴を残すべく改良していくことを提唱する学問です。最も優生学の思想を忠実に実行したのは、ドイツのナチス政権でしたが、世界中で優生学の思想に基づいた法律や社会的な施策が実施されてきました。日本も例外ではありません。この思想に基づいた法律が実際に存在していました。

この考え方は、徐々に変化していきます。二〇世紀の後半に入ると、今度は環境が人間の特質をすべて決定するのだという考え方が優勢になっていきます。性格や能力は生まれながらに決まっているわけではなく、生まれた後の環境によってどのようにも変化させ得るのだという環境決定論です。

しかし、二人の子どもに同じ環境を与えれば、同じ能力が身につくのでしょうか。メジャーリーグで活躍する日本人野球選手とまったく同じ環境を子どもの頃から与えられた子は、同じようにメジャーリーグで活躍するのでしょうか。おそらく実際には難しいでしょう。いや、逆にもっとすごい活躍をする選手になるかもしれません。同じ環境を与えても、かならずしも同じ結果が得られるわけではないからです。

現在は、「遺伝も環境も」人間の性格や能力には影響するという（今考えてみれば当たり前のように思える）説が優勢です。ところが、「ではどのように考えればいいのか」と問われると、意外とよくわかっていない人が多いように思います。

こう思っていませんか

性格に影響を及ぼす遺伝と環境の影響力を考えたときに、ついどちらかの考え方に偏ってしまう、その大きな理由のひとつは、性格を「類型（カテゴリ）」で考えることにあると思います。

たとえば、性格のやさしさを「やさしい」か「やさしくない」のいずれかで考えたとしましょう。Aさんは、遺伝的には「やさしい」人なのですが、環境の影響によって「やさしくない」人になりました――このとき、Aさんの「やさしさ」は環境によって決められたことになります。遺伝的にはやさしいはずなのに、環境によってやさしくなくなってしまったのですから。

Bさんも、遺伝的には「やさしい」人です。生まれ育った環境にはいろいろなことが起きたのですが、結果的に現在も「やさしい」人のままです――Bさんの「やさしさ」は、遺伝的に決まっていることになります。育つまでにさまざまなことがあっても、結局は遺伝の状態と同じ「やさしい」人になっているのですから。

性格を類型的にとらえる限り、頭では「遺伝も環境も性格に影響する」と、それらしく考えていたとしても、少し考えはじめると混乱してしまいます。そして、「やっぱり遺伝で決まる」「環境で決まってくるよね」といずれかの意見に偏っていってしまうのです。

連続的な個人差として

性格の遺伝と環境の影響力を考えるときには、これまでに説明してきたような、連続的な個人差である性格特性をイメージしてほしいと思います。ただ、少し冷たい感じの言い回しになってしまうかもしれませんが……。

Aさんは、遺伝的には「やさしさが一〇点満点中、八点」の人なのですが、環境の影響によって点数が押し下げられ、「やさしさが五点」になりました。

Bさんも、遺伝的には「やさしさが一〇点満点中、八点」の人です。生まれ育った環境にはいろいろなことが起きたのですが、結果的に今は「やさしさが七点」になっています。

「やさしい」か「やさしくない」かだけでなく、間に細かい段階を設けるだけで、遺伝の影響力と環境の影響力を、同時により細かく考えていくことができるようになりそうです。

遺伝と環境の影響力をイメージすると

ある性格特性に対する遺伝と環境の影響力をイメージすると、まるで重い荷物を綱にくくり、多くの人で引っ張るような図が思い浮かびます。

たとえば、性格の明るさを地面とします。片方の極が「明るさが最大（暗さが最小）」で、もう片方が「暗さが最大（明るさが最小）」です。遺伝の影響力は、この両極のどこかに置かれた重い荷物です。遺伝の影響力が大きいほど荷物は重くなり、遺伝の影響力が少ないと軽くなります。荷物には

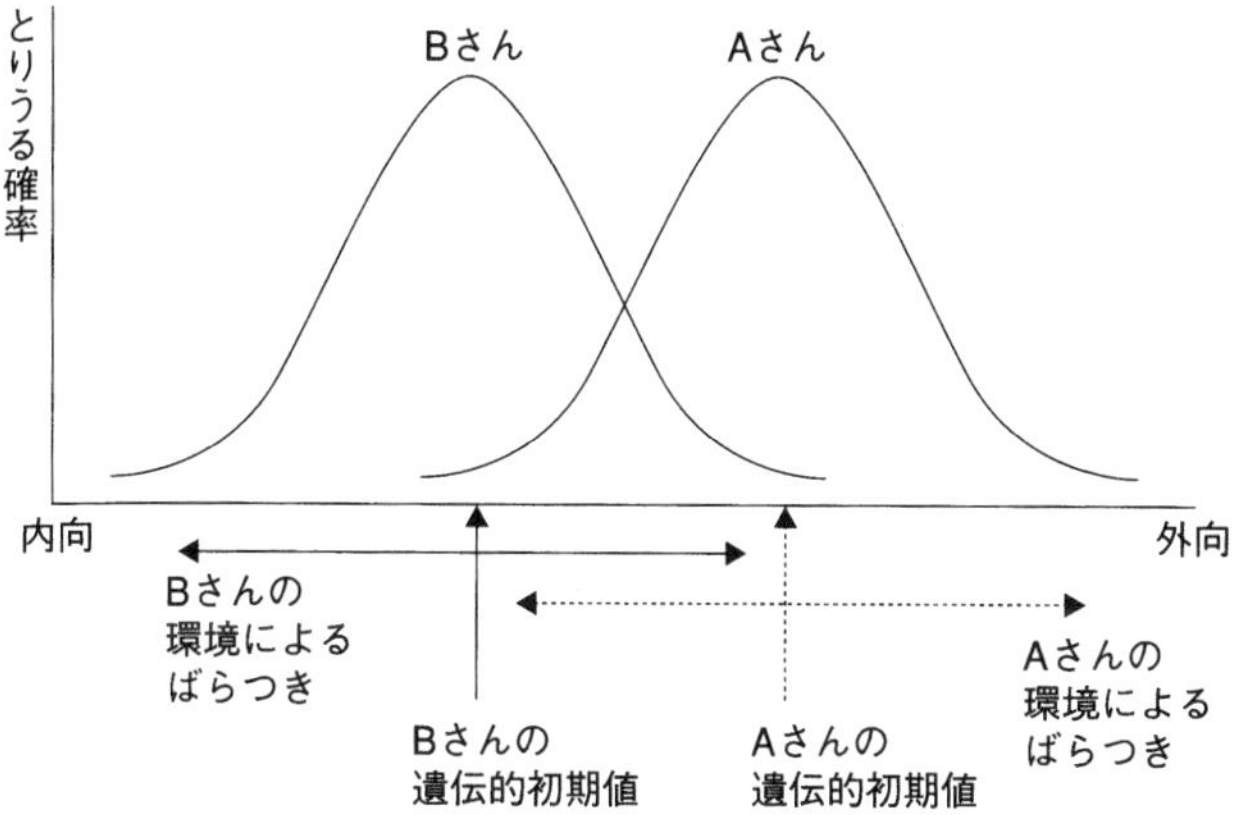

図 7-1　遺伝と環境の影響力のイメージ（小塩・中間，2007 より）(1)

左右に綱がつけられており、人々が左右から綱引きのように引っ張り合います。片方から引っ張る強さがもう片方の強さに勝ると、荷物は少しずつ動いていきます。この、左右から引っ張る力が環境の影響力です。

二〇歳の大学生AさんとBさんを例に挙げて説明します（図7－1）。

Aさんは、平均よりもやや明るい性格となるような遺伝子のセットをもって生まれてきました。そして、生まれてから数多くのさまざまな環境に身を置いてきたのですが、それらのうちの多くの環境は、明るさを押し下げる（暗さを助長する）ものでした。

Bさんは、平均よりもやや暗い性格となるような遺伝子のセットをもって生まれてきました。Bさんも数多くのさまざまな環境に身を置いてきたのですが、それらのうち多くの環境は、明るさを伸ばす（暗さを抑制する）ものでした。

結果的に大学生の現在は、AさんとBさんの明るさはほとんど同じで、むしろBさんのほうが明るい性格になっているほどです。

影響力の切り分け

性格に対する遺伝と環境の影響力を推定するためには、先ほどの図の荷物の重さ（遺伝の影響力）と左右に引っ張る強さ（環境の影響力）を調べる必要があります。それぞれの影響力はどれくらいなのでしょうか。

ところが、あるひとつの特性（たとえば知能）を取り上げて、「私の知能は遺伝が八〇パーセントで環境が二〇パーセント影響している」と主張したとしても、それが他の人にも同じように当てはまる保証はありません。

それ以前に、ある個人を取り上げて、「この人の明るさには遺伝が大きく影響している」「この人のやさしさは環境に大きく影響を受けてきた」という分析をすることは、できそうに思うかもしれませんが非常に難しいことなのです。

まず、自分がもっているある性格特性が、高いほうなのか低いほうなのかを判断するには、集団の中の位置で調べる以外にありません。次に、ある個人の遺伝子をすべて調べたとしても、その遺伝子のセットが多くの人に共通しているのか、あるいはその人独自のものであるのかを判断するためにも、他の人々と比べてみないとわかりません。さらに、ある人が育った環境が特別な環境であるのか、よくある環境であるのかを判断する必要も出てくるのですが、やはり他の人々と比べてみないとその判断は難しいでしょう。

原因の追究は簡単ではない

個別の事例を取り上げて詳しく調べることにも価値があります。特殊な病気の症例はそれだけでも、その病気の状態や原因を追究するのに役立つことがあるでしょう。

しかし、極端ではないものを取り上げてみると、個別のケースからその原因を追究することが、逆に簡単ではなくなってしまうのです。

手の皮膚が荒れてしまったとしましょう。水仕事をしすぎたのか、最近使っている石鹸が皮膚に合わないのか、最近寝不足だったからか、最近飲み会続きで食生活が乱れていたからか……いろいろな原因が考えられます。何が原因かはわからないのですが、とりあえず対処をしてみました。

A　評価の高いハンドクリームを塗る
B　無添加の石鹸に変える
C　早寝早起きを心掛ける

二週間ほどすると、無事肌荒れは治まったのでした。めでたしめでたし……。

しかし、いったい何が肌荒れを治したのでしょうか。インターネットで評判のハンドクリームでしょうか。近所のナチュラルショップで買ってきた無添加の石鹸でしょうか。睡眠時間を十分にとったことでしょうか。

あるいは、もしかしたら、組み合わせの効果があったのかもしれません。ハンドクリームと石鹸の片方だけではダメで、両方を変えて初めて治ったのかもしれません。そうではなく、ハンドクリームと睡眠の組み合わせによって初めて治ったかもしれませんし、石鹸と睡眠の組み合わせが効いたのかもしれません。いや、もしかすると、ABC三つの条件がそろって、初めて効果を発揮したのかもしれませんね。

それだけではありません。もしかすると、「これら以外」の隠れた原因があるかもしれないのです。季節が変わって乾燥した空気ではなくなった、仕事が一段落ついてストレスが減った、外食したときに肌に合わないような食べ物を食べていた、いつも怒っている上司がいなくなった……。実は、原因はまったくちがうところにあり、たまたま同じ時期にハンドクリームや石鹸や睡眠時間を変えただけなのかもしれないのです。

まだまだ。もしかすると、その隠された原因とABCいずれかの組み合わせ、たとえば上司がいなくなったことと石鹸を変えたことがそろって初めて効果を発揮した可能性だってあります。あるいはもしかすると、ABCの三つと季節の変化がそろって初めて治ったのかもしれません。

このように考えると、個人の経験だけに基づいて原因を確定するのは、とても難しいことのように思えてきます。ですから、集団全体に注目して分析し、原因を探っていく必要があるのです。

ゲノムワイド関連解析

性格に影響を及ぼす遺伝子には、たくさんのものがあるという考え方ができ、それを多因子形質と呼ぶということを一一六頁で説明しました。遺伝子がたくさんあるとはいっても、なんらかの形でそのセットを分析対象にする方法はないのでしょうか。

このような多因子形質の遺伝子を解析する手法として近年注目されているのが、ゲノムワイド関連解析（genome-wide association study）と呼ばれる遺伝子の解析手法です。

アメリカ国立衛生研究所のテラシアーノら[2]は、このゲノムワイド関連解析を用いて、ビッグファイブの五つの性格特性に関連する可能性の高い多因子形質の遺伝子セットを、四〇〇〇人近くのデータから見つける試みを行っています。

オランダの行動遺伝学者、デモーアら[3]は、このテラシアーノたちのようなゲノムワイド関連分析によって性格特性を検討した複数の研究知見をまとめる、メタ分析を行っています（なお、テラシアーノもこの論文の著者に名を連ねています）。その結果によると、ビッグファイブのうち、開放性がRASA1と呼ばれる遺伝子に、勤勉性がKATNAL2と呼ばれる遺伝子に関連する可能性が示されたということです。

たしかにビッグファイブのそれぞれの性格特性は、いくつかの遺伝子セットに関連していました。しかしながら、全体としてその関連は、決定的に大きなものとはいえませんでした。まだ現状は、「この遺伝子セットがこの性格を完全に規定する」といえるような状況ではないようです。しかし、この分野の研究が今後はさかんになり、新たな研究結果が見出されていく可能性はあると考えられます。

職業経験も影響を及ぼす

大学の卒業生に何年かぶりに会うと、見違えたように変わったと感じることがあります。「ずいぶんとしっかりしたな」「こんなにハキハキと応対していたかな」と学生時代のようすを思い出しながら、変化の大きさに驚くこともよくあります。

ロバーツは、女性を対象として二一歳から二七歳まで、そして二七歳から四三歳までの間で縦断的にとられたデータを分析対象とし、職業経験が性格の変化に影響を及ぼすかどうかを検討しています(4)。

分析の結果、二一歳の段階では職業経験が性格の変化に影響を及ぼすことはありませんでした。しかし、二七歳から四三歳の間では、職業の経験が性格を変化させることがわかりました。

このように、具体的な経験を積むことで、性格は変化していく可能性があります。自分自身をどのような環境に置くかということが、性格の変化をもたらすようです。

双生児研究

遺伝と環境の影響力を推定するひとつの強力な方法があります。それは、双子を研究対象とすることです。

双子には、一卵性双生児と二卵性双生児がいます。一卵性双生児はまったく同じ遺伝情報をもち、二卵性双生児はおよそ半分の遺伝情報が共通しています。

一卵性双生児はもともとひとつの卵子とひとつの精子が受精し、理由はよくわからないのですが二つに分かれ、それぞれが一人の人間として成長したものです。それに対し二卵性双生児は、二つの卵子にそれぞれ別の精子が受精し、同時に成長したものです。一卵性双生児はもともとひとつの受精卵だったわけですから、まったく同じ遺伝情報をもつわけです。二卵性双生児の場合には、きょうだいが同時に生まれるようなものです。

二卵性双生児がおよそ半分の遺伝子を共有しているというのは、少しわかりにくいかもしれません。たとえば、ある染色体上のある遺伝子は、父親もしくは母親いずれかから受け継ぎます。したがって、二卵性のきょうだいの兄のある遺伝子が父親から受け継がれているとき、弟の同じ場所の遺伝子が父親から受け継がれるかどうかは二分の一の確率になります。兄の別の場所の遺伝子が母親から受け継がれているとき、弟の同じ場所の遺伝子が兄と同じ母親から受け継がれる確率も二分の一です。このように考えると、二卵性双生児の遺伝子が百カ所あるとき、確率的にそのうち五〇カ所前後は同じ親から受け継ぐことになります。したがって、二卵性双生児のきょうだいはおよそ半分の遺伝子を共有していることになるのです。

一卵性双生児も二卵性双生児も、きょうだいが一緒に育つのであれば、きょうだいへの家庭環境の影響力は同じで、遺伝の重なり具合が異なります。また、もしも同じ一卵性双生児で、一緒に育ったきょうだいと別々に育ったきょうだいを比べることができるのであれば、遺伝の重なり具合は同じで環境の影響が異なるペアを比べることができます。

これらをまとめると、次のようになります。

A	一緒に育った一卵性双生児	遺伝100％同一、家庭環境100％同一
B	一緒に育った二卵性双生児	遺伝50％同一、家庭環境100％同一
C	別々に育った一卵性双生児	遺伝100％同一、家庭環境0％同一
D	別々に育った二卵性双生児	遺伝50％同一、家庭環境0％同一
E	養子縁組されたきょうだい	遺伝0％同一、家庭環境100％同一

これらのうち、「AとB」や「CとD」そして「AとBとE」を比較すれば、家庭環境の一致度が同じで遺伝の一致度が異なる組み合わせで比較ができますので、遺伝の影響力がわかりそうです。また、「AとC」や「BとD」を比較すれば、遺伝の一致度が同じで家庭環境の一致度が異なる組み合わせで比較できますので、家庭環境の影響力がわかりそうです。

このように、双子を研究するというのは、自然の状況のなかで実験条件を比較するようなものなのです。

知能指数の双子間相関からわかること

ここでは、双子を対象とした研究でよく調べられている、知能指数（ＩＱ）で説明したいと思います。

アメリカの遺伝統計学者デヴリンらは、過去に行われた二一二の研究から、きょうだいの知能指数の推定値を計算しています(5)。

一緒に育った一卵性双生児　相関係数 0.85
一緒に育った二卵性双生児　相関係数 0.59
別々に育った一卵性双生児　相関係数 0.74

別々に育った一卵性双生児のきょうだいにおける相関係数が、一緒に育った二卵性双生児よりも高いことがわかります。また、彼らは次のペアの推定値も算出しています。

一緒に育った異年齢きょうだい　相関係数 0.46
別々に育った異年齢きょうだい　相関係数 0.24
一緒に暮らす実親と子ども　相関係数 0.41
養子縁組された親と子ども　相関係数 0.20

これらの相関係数に、一定の法則があることがわかるのではないでしょうか。たとえば、一緒に育った一卵性双生児と別々に育った一卵性双生児とで〇・一一の相関係数の差、一緒に育った異年齢のきょうだいと別々に育った異年齢のきょうだいとで〇・二二の差が観察されます。また、一緒に育った一卵性双生児と二卵性双生児とで相関係数に〇・二六の差が生じており、一緒に暮らす実の親子と一緒に暮らしている養子縁組された親子とでおよそ〇・二一の差が生じています。

すなわち、一緒に暮らすか別々に暮らすかによって、おおよそ〇・一から〇・二程度の相関係数の差が生じています。これは、一種の環境の差によって生じていると考えることができます。そして、一卵性（遺伝一〇〇パーセント同一）と二卵性（遺伝五〇パーセント同一）、および実親（遺伝五〇パーセント同一）と養親（遺伝ゼロパーセント同一）で、おおよそ〇・二程度の相関係数の差が生じています。これは、遺伝による差になります。

このようなデータを蓄積していくことで、遺伝と環境についておおよそどのデータにも当てはめることができるような影響関係のモデルをつくることができます。そして、影響関係の統計的なモデルを用いながら、遺伝の影響力と環境の影響力を推定していくのです。

ビッグファイブでは

ビッグファイブについては、双子の間でどの程度の相関係数がみられるのでしょうか。

カナダの行動遺伝学者ジャンらは、ビッグファイブの五つの特性について、一卵性双生児と二卵性双生児の相関係数を算出しています[6]。調査に参加したのは、一二三ペアの一卵性双生児と一二七ペアの二卵性双生児、年齢範囲は一六歳から六八歳まで、平均年齢はおよそ三〇歳でした。

ビッグファイブの各性格特性における、一卵性双生児と二卵性双生児の相関係数は次のとおりです。

●一卵性双生児のペア

神経症傾向の相関係数　0.41

外向性の相関係数	0.55
開放性の相関係数	0.58
協調性の相関係数	0.41
勤勉性の相関係数	0.37

●二卵性双生児のペア

神経症傾向の相関係数	0.18
外向性の相関係数	0.23
開放性の相関係数	0.21
協調性の相関係数	0.26
勤勉性の相関係数	0.27

いずれの性格特性についても、一卵性双生児のほうが大きな値を示していることがわかります。しかし、一二〇程度のペアでは「あまり信用できない」という人がいるかもしれません。

では、アメリカの心理学者でありコンピュータ科学の研究者でもあるロエリンと、五因子理論のコスタとマクレー、ビッグファイブの研究で知られるジョンによる共同研究をみてみましょう[7]。この研究では、四九〇ペアの一卵性双生児と三一七ペアの二卵性双生児のデータを分析対象としています。ただし、ビッグファイブの性格検査をそのまま使っているのではなく、データを分析する段階でビッグファイブと同じ内容の性格のまとまりを抽出しています。その代わり、ビッグファイブとして共通する三つの性格検査の得点が算出されており、ビッグファイブの測定のしかたによるちがいを検討することができます。

結果は、次のようなものでした。

●一卵性双生児のペア

神経症傾向の相関係数	0.43～0.53
外向性の相関係数	0.39～0.60
開放性の相関係数	0.36～0.49
協調性の相関係数	0.29～0.46
勤勉性の相関係数	0.37～0.53

●二卵性双生児のペア

神経症傾向の相関係数	0.06～0.25
外向性の相関係数	−0.06～0.30
開放性の相関係数	0.08～0.27
協調性の相関係数	0.06～0.34
勤勉性の相関係数	0.14～0.34

ジャンらの研究と同じように、一卵性双生児に比べて二卵性双生児の相関係数は、思ったほど高くないことがわかります。相関係数の大きさには多少ちがいがありますが、おおよそのパターンは共通しています。これは他の研究でも同じようなパターンになっています。また先ほどの知能検査の相関係数と比べても、性格特性の双子のきょうだい間の相関係数は小さな値になることがわかるのではないでしょうか。

環境を分解する

少し話が変わりますが、双子の研究を考えたときに、環境を二種類に分けることができます。

ひとつは、双子を似せるように影響を与える環境です。たとえば、家庭のなかで双子のきょうだいに同じ本を読み聞かせてあげること、同じテレビを観ること、同じ服を着せること等々、きょうだいに対して同じように扱うことは、そのきょうだいを似せるようにはたらきかけるはずです。このような環境の要因を「共有環境」といいます。

それに対し、双子を似せないように影響を与える環境があります。たとえば、きょうだいそれぞれに別々の友人ができること、ちがう学校に通うこと、ちがう先生に教えてもらうこと、ちがう本を読むこと、ちがう部活動に入ること等々、きょうだいが別々の環境に身を置くことは、そのきょうだいを似せない方向にはたらきかけます。このような環境の要因を「非共有環境」といいます。

一般的に、共有環境は家庭内の環境、非共有環境は家庭以外の環境を指すといわれています。しかし、かならずしもそうではありません。家庭のなかでもきょうだいにちがうようにはたらきかければ非共有環境になりますし、家庭の外でもきょうだいに同じようにはたらきかければ共有環境になり得ます。あくまでも、双子のきょうだいを「似せる」か「似させない」かいずれに影響するかによって分けられているのです。

影響力の推定値は

二種類の環境があることがわかったところで、性格に対して、これまでの研究で遺伝と共有環境、非共有環境それぞれの影響力がどの程度だと推定されているかをみてみましょう。

先ほど紹介したジャンらは、遺伝や環境の影響力を推定しています。その結果は、次のようなものです。

神経症傾向	遺伝41％	非共有環境59％	共有環境０％
外向性	遺伝53％	非共有環境47％	共有環境０％
開放性	遺伝61％	非共有環境39％	共有環境０％
協調性	遺伝41％	非共有環境59％	共有環境０％
勤勉性	遺伝44％	非共有環境56％	共有環境０％

このように、遺伝が四割から六割、非共有環境が四割から六割、そして意外に思うかもしれません

が、主に家庭内の環境だといわれる共有環境の影響力は「ゼロ」と推定されています。
これは本当でしょうか。ロエリンらの研究での推定値もみてみましょう。

神経症傾向	遺伝58％	非共有環境42％	共有環境０％
外向性	遺伝57％	非共有環境44％	共有環境０％
開放性	遺伝56％	非共有環境44％	共有環境０％
協調性	遺伝51％	非共有環境49％	共有環境０％
勤勉性	遺伝52％	非共有環境48％	共有環境０％

やはり同じように、共有環境は「ゼロ」と推定されています。

まだ納得がいかない人のために、他の研究も確認してみましょう。ドイツで集められたデータを分析した、ドイツの性格心理学者リーマンや気質の研究で知られるポーランドの心理学者ストルーらの研究です(8)。調査への参加者は六六〇ペアの一卵性双生児と三〇四ペアの二卵性双生児です。

神経症傾向	遺伝52％	非共有環境48％	共有環境０％
外向性	遺伝56％	非共有環境44％	共有環境０％
開放性	遺伝53％	非共有環境47％	共有環境０％
協調性	遺伝42％	非共有環境58％	共有環境０％

勤勉性　　遺伝53％　非共有環境47％　共有環境０％

リーマンらの研究では、自分自身で性格検査に回答するだけでなく、友人や家族、配偶者など他者からの評価も集めています。そして、他者評価のデータを分析したときにも、自己評価のデータを分析したときと同じように、共有環境の影響力がほとんどみられないことを明らかにしています。

このようにこれまでに行われた研究をみてくると、性格に対する遺伝の影響力はおよそ半分、環境の影響力もおよそ半分だといえます。

ただし、双子を似せるようにはたらきかける共有環境の影響力はほぼ「ゼロ」ということでした。共有環境が家庭環境だとすれば、これは由々しき問題であるように思えます。なぜなら、これらの結果は、「家庭環境が子どもの性格に与える影響はほぼゼロである」ことを示しているからです。

このことを、どう考えればいいのでしょうか？

家庭環境は性格の形成に不要なのか

「影響がゼロ」というのは、「家庭環境が不要」だということを意味するわけではありません。そうではなく、ある環境を用意したときに、ある子どもにはある影響を与えるのですが、別の子にはちがう影響を与えてしまうということを意味します。

たとえば、自分の子どもがまじめな人間になるように、勤勉性の性格特性を高めようと考えたとします。毎日「部屋を片付けなさい」「食べた後の食器を流しへ持って行きなさい」「脱いだ靴をそろえなさい」「部屋を出るときには電気のスイッチを消しなさい」……と事細かに口うるさく言うことは、子どもの勤勉性を高めるのでしょうか。

「影響力がゼロ」ということが正しければ、「勤勉性が高まる子もいれば、変動しない子も、低まる子もいる」ことになります。

これでうまくいく子が存在することが、直観的な判断を歪めてしまうのかもしれません。「うちの子はこれでうまくいった」という事例が、「だからあなたの子でもうまくいくはず」となってしまいがちです。しかし、他の子にも同じように当てはまるとは限らないのです。まったく口うるさく言わず、放任状態だったのに、まじめで部屋もきれいに片付けるようになった、という事例も同じように存在するのが「影響力がゼロ」という状態なのです。

同じように育てているつもりなのに、きょうだいでまったくちがう性格になっていく、ということは、複数の子どもがいる家庭ではよくみられる光景です。親が同じはたらきかけをしても、子どもによって受け取り方が異なり、それぞれの子どもの性格特性には異なる影響を与えていってしまうようです。

不可欠な視点

ただし、これは「通常範囲内の家庭の場合」であることもつけ加えておかなければなりません。こういった研究に参加してもよいと考える双子たちは、大部分が普通の生活を営んでおり、極端に貧しかったり悲惨な家庭環境にあったりすることは少ないと予想されます。

これはどのような環境でも同じなのですが、あまりにも異常で極端な環境に身を置くようなことがあれば、それは大きな影響力をもつと考えられます。そのような家庭環境は、通常の家庭環境よりも性格の形成に対して影響力をもつことでしょう。

しかし、手のひらを返すようですし、何度も同じようなことをいいますが、それは「かならず」「絶対」ではありません。多くの子がダメージを受けるような環境であっても、たいしたダメージを受けずに問題なく成長する子もいるのです。

ここにも、「あるかないか」ではなく、「どの程度か」という視点が必要です。

終章　血液型から性格を判断できないのはなぜか

血液型によって性格を判断するという考え方がここまで当たり前のように広がっている国というのは、世界的にみても珍しいといえます。しかもすでに説明してきたように、その背景には古代ギリシア・ローマ時代から連綿と受け継がれてきた四気質説が、ＡＢＯ式血液型の発見という生理学・医学の研究と結びつくところからスタートしています。それは一九二〇年代、古川竹二という学者の発案によるものだということでした。

古川竹二は、まじめにこの問題に取り組んだ、非常に優秀な心理学者でした。彼の研究能力の高さは、彼の著書『血液型と気質』[1]を読むとよくわかります。この著書は、現在読んでも非常に興味深い、充実した研究書です。

しかし、この古川学説はあまりうまくいきませんでした。他の研究者が、古川竹二の主張するような血液型と性格（気質）との関連を見出せなかったためです。戦争もあり、次第にこの学説は顧みられなくなっていきました。

現在、多くの人々がこの関連を信じるのは、一九七〇年代に作家の能見正比古が出版した著書『血液型でわかる相性』(2)が発端だということでした。この著書は、明らかに古川竹二の学説をベースにしていますが、芸能人やスポーツ選手、政治家を例に挙げた説明や、教育や企業経営への応用の提言など、わかりやすく幅広い読者層を想定したつくりになっています。今出版されている、血液型性格関連説の書籍で使われる情報や論の立て方、見せ方などは、ほとんどがこの著書に含まれてしまっているといっても言い過ぎではないように思います。

もしも、血液型と性格との関連が科学的に証明されるのであれば、それはすばらしいことです。なぜならそれは、この心理学の領域ではきわめて珍しいことに、日本の研究者が世界の最前線に立つことのできる研究であったはずだからです。さらには、二〇世紀初めという歴史の古さから考えると、この関連が証明されていたならば、おそらく世界で最初の「性格と遺伝との関連の証明」となったはずだからです。

しかし、残念ながら、心理学の世界ではそうなりませんでした。それは陰謀でもなんでもなく、「明確な関連がみられなかったから」にほかなりません。

「ないこと」は証明できない

心理学では、「血液型と性格に関連がないこと」を証明しているのでしょうか。いいえ、していません。ではなぜ、「関連はないだろう」というのでしょうか。それは、「関連することが明確に証明されていないから」です。

「関連があること」の証明は、証拠を見つけることで可能になります。たとえば「うちの庭に妖精がいる」ことを証明するためには、その妖精を捕まえることがいちばん確実です。妖精の写真を撮ったとすれば、捕まえることよりは確実な証拠ではありませんが、まあまあの証拠となり得ます。「この目で見たんだ」と主張することは、それよりも弱い証拠です。

しかし、「存在していないこと」や「関連がないこと」を証明するのは、きわめて難しい問題になってしまうのです。たとえば、「うちの庭には妖精がいない」ことの証明を考えてみるのはどうでしょうか。庭の中を隅から隅まで探しても見つからないことが「いないこと」の証明になるでしょうか。でも、妖精は逃げ回って見つからないだけかもしれません。庭中にワナを仕掛けても捕まらないことは、「いないこと」の証明になるでしょうか。妖精ですから、物理的なワナにはひっかからないだけかもしれません。警察犬をつれてきて探させても見つからないことは、「いないこと」の証明になるでしょうか。いや、動物は妖精と仲がいいですから、見つけていても見逃しているのかもしれませんよ。……このように、「いないこと」を証明するのは、並大抵のことではありません。

血液型と性格の関連についても、同じことです。「関連がないこと」は直接証明することはできないのです。「でも、血液型の本には関連が載っているじゃないか」と言いたくなるかもしれません。ところがそれらはいずれも、方法に問題があるものばかりです。したがって現在のところは、心理学者が納得のいく方法で関連が示されていないのです。だから「今のところ関連は見出されていない」と判断することになり、「今ある証拠を総合すると、おそらく関連はないだろう」と予想されることになるのです。
さらには、本書で説明してきた性格の研究結果に基づいて考えれば、血液型と性格との間に今後も関連がみられないであろうことが予想できるのです。

性格のある場所

これは、ある学生から聞いた話です。その学生の彼氏は、血液型性格判断を信じているのですが、彼女は自分の血液型を知りませんでした。しかし、彼女の両親の血液型から推測すると、O型かB型になるのだそうです。ところが彼氏は、「もしも彼女がO型だったら別れないが、B型だったら別れる」と言い出しているのだといいます。そして、近いうちに献血に行こうと誘ってきているのです。「先生、どうしたらいいですか?」という悩みの相談です。

さて、この彼氏は、性格がどこにあると思っているのでしょう。性格は、血液型にくっついて存在するような(寄生生命体のような)ものだというのでしょうか。

第二章で説明したように、性格とは構成概念です。血液型のみならず、体型であったとしても、行動であったとしても、直接目に触れたり検査で明確にわかったりするような身体的特徴と性格が、一対一で結びつくことはありません。それはあたかも、「明るさ」という性格が、物理的に光っていたり陰っていたりすることを測定すれば百パーセントわかる、というのと同じではないでしょうか。

また第二章では、性格と体型などの物理的に把握できる特徴とを同一のものとみなすことや、性格と行動を同一のものとみなすことから離れ、それぞれを切り離して考えるべきだということを説明してきました。なぜなら、直接目にできることや、検査で明確にわかること（血液型もそうです）と、性格が一対一で結びついているなら、それは「完全な妥当性」を意味してしまうからです。それは、血液型さえわかれば、性格が完全にわかることを意味します。まさに、完全な妥当性を備えた心理ゲームと同じです。もしも本当にそのような関連があるのなら、心理学者はわざわざ工夫して検査を開発する必要はありません。単純に、血液型を調べればいいのですから。しかし残念ながら、そのようなことはありません。

血液型性格判断という類型論

ＡＢＯ式の血液型は四気質説に由来することからもわかるとおり、Ａ型、Ｏ型、Ｂ型、ＡＢ型という四種類に人々を分類する類型論です。第三章でも述べたように、類型論の欠点は、人々を強引に少数のカテゴリに分類してしまう点にあります。

しかも、性格そのものは類型ではなく、特性として連続的にとらえることができるという話をしてきました。さらには、連続的にとらえることができることを前提としたときに初めて、遺伝と環境の双方が影響して性格が形成されるということについて、納得のいく説明ができるのでした。

おそらく、血液型性格判断を信じる人も、「遺伝だけで性格が決まると信じているわけではない」と言うことでしょう。「血液型で決まるのは、性格の基礎だけであって環境で変わっていくものだ」とも。ところが、「ではどのようなプロセスでどう影響していくのですか？」とたずねてみると、うまく答えることができなくなってしまいます。その理由は明白です。第六章や第七章で説明したように、類型論で考えている限り、遺伝と環境の影響を事実に近い形で考えることができないからです。

また第五章で説明したように、性格は一生涯、変化しつづけます。性格を特性論で考えるからこそ、少しずつ徐々に変化していく性格をとらえることができるのです。類型で考えている限り、本当は少しずつ変化していたとしても、その変化をとらえることができずに「ずっとA型的な性格」のままだと判断されてしまいます。これでは、実情に即した判断ができません。

血液型と性格の遺伝

第七章で説明したように、最近の研究では、性格のゲノムワイド関連分析が行われており、性格を(完全に規定するものではなく)一定の範囲で規定する遺伝子が見つかってきています。

ＡＢＯ式血液型の遺伝のメカニズムは、学校の教科書にも書かれるほどよく知られています。ですから、もしも血液型と性格との関連が明らかに存在するのであれば、ゲノムワイド関連分析で簡単に見つかるはずなのです。しかし残念ながら現在のところ、性格との関連が見つかった遺伝子は、ＡＢＯ式血液型とは関係のないものばかりです。もしも、血液型が性格と明らかに関連するようであれば、ゲノムワイド関連分析によって、真っ先に見つかってもおかしくありません。

ときどき、「心理学では血液型と性格の関連を調べないのですか?」ときかれることがあります。しかし現在は、直接的に遺伝子と性格との関連すら調べることができるようになっているのです。なぜ今さら、血液型との関連を調べなければいけないのでしょうか。

しかも、第六章で説明したように、性格は多因子形質です。ひとつの性格特性に影響を及ぼす遺伝子は非常に数多くあるのです。これではますます、血液型という非常に限られた遺伝のメカニズムだけで性格が決まるという説の旗色は悪くなるばかりです。

因果関係の連鎖は正しいのか

「A型は神経質で部屋がきれいなはず」だと思っていないでしょうか。

アメリカの心理学者ゴズリングらは、職場のオフィスや大学学生寮のベッドルームのようすと、持ち主の性格との関連を検討する、有名な研究を行いました。(3) 複数の観察者が、オフィスやベッドルームに出向きます。そして、机の周りやベッドの周りにあるもののようすをチェックし、記録していきます。さらには、その使用者の性格を予想して評定します。加えて、使用者自身も、自分自身の性格を評定するのです。このような方法を用いることによって、オフィスやベッドルームの性格が、周囲にある物の選択や配置に影響を及ぼすかどうか、そして、そのオフィスやベッドルームをみたときに、持ち主をどういう人だと推測する傾向が生じるのかを検討することができます。

結論からいうと、オフィスやベッドルームがきれいに片付いていたり、整理整頓されていたりすることは、使用者の神経質さ（ビッグファイブの神経症傾向）には関連がありませんでした。実際に、整理整頓した使い方と、使用者の性格との間に関連があったのは、ビッグファイブのなかでは勤勉性でした。また、開放性が高い人は、持っている本や雑誌のバリエーションが多い傾向なども見出されています。ただしこれらの関連は、あまり高いものではありませんでした。この研究ではむしろ、部屋を見た人たちのほうが、「この部屋はきれいだから、使用者はこういう性格にちがいない」という先入観を強くもってしまいがちであることが明らかにされたのです。

このように、当たり前のように言われている「A型は神経質だから部屋がきれいでしょ」という台詞の、「神経質＝部屋がきれい」という部分すら、確かめてみると事実とはちがっていることがあるのです。研究してみることの大切さがよくわかる例だと思います。

それでもなお反論したくなる

「血液型と性格には関連がないのです」と説明したときによく聞く反応が次の台詞です。

「でも、私がA型で神経質なのはなぜですか」
「でも、私の父がB型で自己中心的なのはなぜですか」
「私はO型で大雑把な人を知っているのですが……」
「私の妹はAB型で、やっぱり変わり者なのですが……」

これらの発言は、同じ系統の発言です。

このような発言をする人はおそらく、「関連がないといっても、このような反対すべき現実があるじゃないか」という思いでしているのでしょう。

ところが、こういう発言をされても、「関連がない」といっている人には反論だと思えないのです。

それはなぜなのでしょうか。

統計と体験のちがい

ところで、どれくらいの確率で生じることであれば、「めったにない、とてもまれなこと」だと思うでしょう。一〇〇分の一？　一〇〇〇分の一？　一〇万分の一ではどうでしょうか。

一年間で一〇万人に一人の確率で生じるようなことは、まさか自分には生じないだろうと思うのではないでしょうか。

日本には一億三〇〇〇万人近くの人々が暮らしています。その一〇万分の一を計算すれば、一三〇〇人です。つまり、毎年一〇万分の一の確率で生じる出来事というのは、日本で毎年一三〇〇人に降りかかってくる出来事であるということになります。

ちなみに、警察庁の統計資料によると、[4]日本で平成二〇年に認知された殺人件数は一二九七件、平成二一年で一〇九四件、平成二二年で一〇六七件となっています。もちろん、あくまでもこれは警察によって認知された殺人件数ですが、この数値はおおよそ、日本で一年間に一〇万人に一人の確率で生じる出来事だといえます。

確率で考えると、一〇万人に一人というのは非常に低い、めったに起きない出来事になります。しかし、視点を個人に合わせてみれば、毎年かならず一〇〇〇人の人々が殺人の犠牲になっているのです。

もしも自分の家族や知り合いが犠牲者になったとすれば、「確率がどうか」という問題など吹き飛んでしまいます。家族を失った人を目の前にして、「あなたのご家族は非常にまれな事件で亡くなったのです」という話をしたところで、その悲しみが癒やされるわけでもないでしょう。

次に、宝くじについて考えてみます。

毎年、年末に売りだされるジャンボ宝くじは、百の「組」と六桁の「番号」の組み合わせのなかから一枚だけが一等となります。つまり、一〇〇〇万枚に一枚です。実際には、この一〇〇〇万枚のセット（ユニットと呼ばれるようです）が数十セット売られるようです。一度の販売で七〇ユニット完売すれば、一等は七〇本出るという計算になります。

いま手元に年末ジャンボ宝くじが一枚あるとすれば、その宝くじが一等である確率は、一〇〇〇万分の一です。同じ組の宝くじを一〇〇枚買えば、その一〇〇枚のなかに一等が含まれる確率は一〇万分の一となり、日本で一年間普通に暮らしていて殺人の被害にあう確率と同じくらいになってきます。

いずれにしても、確率的に考えると一等を当てることは至難の業であることがわかります。ところが、毎年かならず数十人は年末ジャンボ宝くじで一等を当てる人がいるのです。

ここでも、視点を全体に合わせて見るか個人に合わせて見るかで、話が大きく変わってしまいます。たしかに宝くじで一等を当てることは、確率的に考えればほとんどあり得ないほど小さなものです。しかし、個人に焦点を当てれば、一等が当たった人にとって確率などどうでもいい問題になります。億単位のお金が手に入るのですから、生活が一変してしまうことでしょう。

どちらかの視点をとる

全体を確率的にとらえる視点と、個別事例の視点とを同時にもつことはとても難しいことです。それはあたかも、反転図形を見るようなものです。

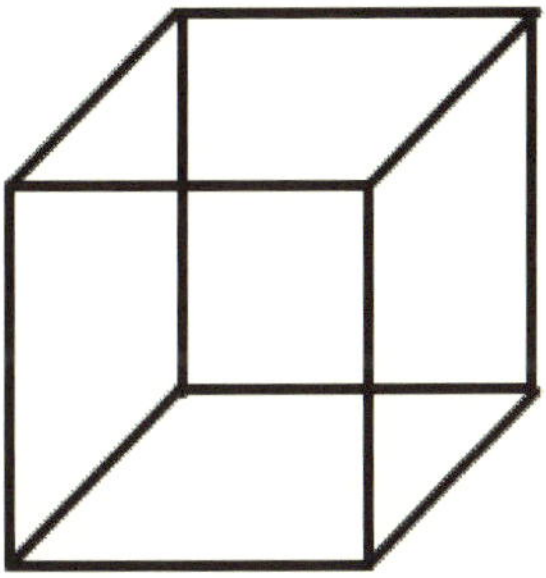

図 8-1　ネッカーの立方体

図 8-2　ネッカーの立方体の二種類の視点

たとえば、図8－1はネッカーの立方体と呼ばれる図形です。みなさんにはこの図形はどのように見えるでしょうか。

ネッカーの立方体は、立方体を右上から見下ろす視点か、左下から見上げる視点のどちらかとして見ることができます（図8－2）。さらに、この視点は見るたびに変化していきます。しかし、けっして両方の視点を一度にとることができるわけではありません。どちらか一方の視点からしか、図形を見ることができないのです。

出来事を確率的な視点から眺めるか、個別の事例に焦点を当てて見るかという問題は、この反転図形を見ることによく似ています。視点はどちらかに置くことができるのですが、両方を一度に平等な重要性をもって眺めることは、非常に難しいのです。

しかし、何かの議論をするときに、この視点がズレているために議論が平行線をたどってしまい、言い合いに終わってしまうことがあるように思います。たとえば、片方が学校でのいじめを防止するための教育政策を論じているのに対し、もう片方が実際にいじめられている子の事例を取り上げながら「それでは救われない」と主張したりするような場面です。

社会的な方策・施策を決めていくときには、個別の事例よりも一般的な法則を問題とすべきでしょう。ある特定の問題を解決する方策が、他の多くの問題にも当てはまるとは限りません。社会全体の方向性を問題とするときには、全体的な問題の予防確率を考え、社会の資源を効率的に配分していくことが必要になります。それに対し、今目の前にいる被害者を救うという問題を扱うときには、そこにかかわる具体的な問題点を整理し、解決策を考えていくべきです。

表8-1 無関連の表

	神経質な人	神経質ではない人	合計
A型	50	50	100
A型以外	50	50	100

「血液型と性格には関連がない」という話をするとき、視点は集団全体に向かっています。それに対して「でも、私の父がB型で自己中心的なのはなぜですか」と返すとき、視点は個人に向いています。

全体的な話は確率的な問題を取り扱いますから、そこにはかならず「例外」を含みます。それに対して、その「例外」である個別の事例を取り上げて反論するということは、実はよく行われるのですが、それが反論として認められるかどうかは、議論の対象となっている内容次第です。たとえば、「最近の若者は全員、仕事ができない」という内容が議論の対象となっていれば、「でも私の知り合いは若いのですが仕事がバリバリできて優秀です」という個別の事例が反論となり得ます。

しかしここで問題としているのは、このような議論の形式とは異なっているのです。

コミュニケーションの不成立

「関連がない」という問題に話を戻しましょう。

相関係数を説明した際に（第六章）、無相関についても触れました。ここでは、血液型性格判断を例に、無関連について考えてみます。

「血液型と性格との間に関連がない」と言うときには、表8－1のようなことを想定しています。つまり、A型の血液型の人でも、それ以外の血液型の人でも、神経質な人とそうではない人の比率が等しい、だから「無関連だ」ということです。

ところが私の経験上、「関連がないんだよ」という話を聞いた人のなかには、このように考えない人がいるようです。それはつまり……

「関連がないのか。じゃあ、A型に神経質な人はいないいないんだな」

……と考えてしまう人です。これを表に示すと、表8－2のようになります。このように考える人は、「関連がある」と思っているときには、A型はかならず神経質だと考えています。ところが、「関連がない」といわれると「そうではない」と否定し、「A型は誰も神経質ではない」という結論にたどり着いてしまいます。

ところがここで、「A型は誰も神経質ではない」というたどり着いた結論は、自分自身の経験とは矛盾します。なぜなら、自分自身や周囲を見回してみれば、A型で神経質な人の存在が思い浮かんでくるからです。

そこで、「私がA型で神経質なのはなぜですか」という疑問を出し、この疑問を出すことで、関連がないことへの「反論」だと思ってしまうというわけです。

しかし、これは反論にはなっていません。なぜなら、「関連がない」と発言している側からすれば、「A型でかつ神経質な人」の五〇人（表8－1の左上）に当てはまっているだけのことだからです。「たとえあなたがA型で神経質であっても、それは偶然ですよ」というだけのことです。したがって、「私がA型で神経質なのはなぜですか」といわれたとしても、「いや何もおかしいことはないのですが」

表 8-2　どちらかで考える（小塩，2010 より）[(5)]

関連ありのイメージ

	神経質
A型	100
A型以外	0

←どちらか→
で考えて
しまう

関連なしのイメージ

	神経質
A型	0
A型以外	100

としかいいようがないのです。

たしかに、互いに「無関連だ」という言葉を使っており、表面上はコミュニケーションが成り立っているようにみえます。ところが、両者が使う「無関連」の意味が異なってしまっているために、反論のつもりで言ったことが反論にならないという行き違いが生じてしまいます。同じ言葉を使っていても、通じ合わないという困った状況におちいってしまうのです。

どうすればよいのか

「血液型と性格には関係がない」といわれても、なかなか受け入れがたいと感じる人もいることでしょう。そこで、ひとつの提案です。

対人関係のなかで、どうしても誰かと意見が合わないことや、考え方が異なることはかならずどこかであるといってよいでしょう。また、どうしても気が合わない人や、気に食わない人、いわゆる相性が悪い人というのは、いるものです。ただしそれは、血液型が理由ではありません。単にあなたとの相性が悪いだけ、価値観が大きく異なっているだけです。

「A型は神経質すぎて嫌いだ」「O型は負けず嫌いなところが嫌いだ」「B型は自己中心的で嫌いだ」「AB型は変わり者で嫌いだ」と、どの血液型についても「嫌いだ」という人がいることでしょう。しかし、ここから血液型を取り除いて考えてみてください。
あなたが嫌いなのは「A型」なのではなく、「神経質な人」なのです。「O型の人が嫌い」なのではなく、「負けず嫌いな人が嫌い」なのです。「B型の人が嫌い」なのではなく、「自己中心的な人間が嫌い」なのです。「AB型が嫌い」なのではなく、「変わった考え方をする人が嫌い」なのです。

血液型を取り除いて考えれば、「あなたが嫌いな人」の特徴が鮮明になります。もちろん、血液型を取り除いて考えれば、「あなたが好きな人」の特徴も明確になるはずです。

また、血液型を取り除いて判断すれば、「神経質ではないA型の人」「負けず嫌いではないO型の人」「自己中心的ではないB型の人」「変わり者ではないAB型の人」は、あなたに嫌われるという判断に巻き込まれなくても済みます。

あなたが好きな人も嫌いな人も、いずれの血液型をもつ人のなかにも存在するはずなのです。ところが、血液型を考えてしまうことによって、本当はあなたと価値観が合う人であっても、それとは関連のない「血液型」という情報によって「嫌い」と判断されてしまいます。それは、人付き合いをするうえで、非常にもったいないことです。

良し悪しの判断とは

血液型は変えることができません。しかし、第五章でみたように、性格は変えていくことができます。この点でも、血液型だけに注目していると、変化に気づかなかったり、変化しないものだと思い込んでしまったりすることになりかねません。

さて、もしもあなたが「自分の性格を変えたい」と思っているのであれば、今思い浮かべている自分の性格は「悪いもの」だと考えているのでしょう。

多くのことについてそういえるのですが、物事が良いか悪いかは絶対的に決まるというわけではありません。そこで考えるべきポイントは、「どのような点で良い（悪い）か」ということと「誰にとって良い（悪い）か」という二つの視点についてです。

性格ではなく、体重で考えてみましょう。「良い性格、悪い性格というのはあるのでしょうか」という質問を「良い体重、悪い体重というのはあるのでしょうか」と言い換えてみるのです。そうすれば答えは「時と場合と人による」というのが当然に思えます。たとえば、力士にとっては、体重が重いことは勝つためのひとつの大きな条件です。またテレビに登場するタレントにとっても、太っていることはテレビ番組のなかである種の特別な地位を占めるキャラクターとなります。ですから、太った体型を売りにするタレントによっては重要な意味をもちます。しかし、サラリーマンにとっては、体重が重いことは「メタボ体型」として嫌われます。自己管理ができないと言われ、出世が妨げられてしまうかもしれません。ファッションモデルやバレリーナ、競馬のジョッキーなどにとっても、体重が重くなることは絶対に避けたいことでしょう。

このようにみてくれば、体重が重いこと・軽いことと、良し悪しとは別のことであることが理解できるのではないかと思います。

まじめな性格の良し悪し

たとえば、「まじめさ」を例に取り上げてみます。

多くの人は、「まじめではない人よりも、まじめな人のほうが良い」と考えるのではないでしょうか。つまり、「まじめさ」は「良い性格」であって、まじめさが低いことは「悪いこと」だと考える傾向にあるということです。

ところがやはりここでも、「まじめさ」が良い性格であるかどうかは、時と場合によります。仕事をするときには、まじめな人物のほうがそうではない人物よりもうまくいくことが多いでしょう。医師やパイロットのように、人の命を預かるような職業であれば、ぜひまじめな性格の持ち主になってほしいと思います。しかし、それも仕事の内容次第かもしれません。あまりにきっちりと物事をこなしすぎれば、作業が滞ってしまったり、仕事仲間に迷惑がかかってしまったりすることも考えられます。

実は、まじめさ（ビッグファイブでは勤勉性や誠実性を指します）の高さは、ワーカホリック（仕事中毒）な傾向や、物事を完璧にしないと気が済まない完全主義や強迫傾向にもつながるといわれています。[6] まじめさがそのようなことに結びつくようであれば、むしろ「良くない」性格だということにもなります。

では、まじめさ（勤勉性・誠実性）の低さについてはどうでしょうか。これまでの研究では、まじめさが低いことは、飲酒や喫煙など、あまり健康的でない生活習慣や、衝動的な行動などに結びついているようです。[7][8][9] しかしその一方で、まじめさが低いことは、かならずしも十分な計画が存在していないような、前もって手順が決まっていない、その場その場で臨機応変に行動しなければならない場面でも、柔軟に振る舞うことを可能にします。

ナルシストの良し悪し

もっとイメージの悪そうな性格を取り上げてみましょうか。たとえば、自己愛的（ナルシスティック）な傾向です。自己愛的な人物は、自分自身の評価を過大視し、他者にもそのように認識することを要求します。そして、他者からの注目や賞賛を浴びようとしたり、傲慢な振る舞いをしたりすることもあります。この特徴がひどくなった場合には、パーソナリティ障害と診断されることもあり、国際的な精神疾患の診断基準にも掲載されています。

このように、自己愛的な傾向は非常にネガティブな特徴をもつ性格傾向なのですが、それでも同じようなことがいえるのでしょうか。たとえば、自己愛的な人物は高い自己肯定感をもっています。言い換えれば、非常に自信家だということです。逆に、自己愛傾向が低い人物は、自信がない状態にあります。この点だけを比べてみれば、自信が失われている状態よりも、自信をもつことができている状態のほうが望ましいともいえます。

ただし、自己愛的な人物の自己の過大評価が問題を引き起こすことはあります。他者から賞賛されたいと思うあまり、周りの迷惑を顧みずに無茶な行動をしてしまうとか、周囲の人の気持ちを考えずに傲慢な行動を繰り返してしまうことなどが考えられます。このような行動が何度も繰り返されるようであれば、その人物は社会的に孤立してしまうかもしれません。

しかし、もしもそのように振る舞うことが許される立場や環境に身を置いている人物であれば、たとえば芸術家や政治家、社長（そして大学教授も？）などであれば、自己愛的な傾向に基づいて傲慢な振る舞いをすることは許容されてしまう可能性もあります。むしろ、多少傲慢に振る舞ったほうがうまく回っていく職業、というものすら存在することでしょう。

良し悪しは変わるもの

このように、どのような場面で、何を目的とするかによって、性格が良いか悪いかは変わってくるのです。

学生が授業中に書いた感想などをみていると、「自分は暗いから明るくなりたい」「内向的なので外向的になりたい」などと書いてくる者がいます。「明るく、外向的」であることは、学生のみなさんが生活している狭い世界においては「良い」特徴なのかもしれません。しかし、それはその環境において「良い」のであって、別の異なる判断がなされる環境もあり得るのだと思うことができれば、無理に自分の性格を変えたいと悩む必要はなくなるかもしれません。

それはまさに、「適材適所」という考え方そのものだといえます。自分の性格を変えることだけに固執するのではなく、自分がいて楽に思える場所に身を置くことを考えてみてもよいのではないでしょうか。そうしているうちに、少しずつ性格が変化していくかもしれません。ここでも、性格と環境のどちらを変えるか、片方だけを考えるのではなく、両方の可能性を考えることが重要です。

私たちは、日常生活で「性格」について話題にしたり、自分や周りの人の「性格」を考えたり、子どもが生まれればわが子の性格がどういったものであるのか、うまく育っていくのかが気になったりするものです。そんなときに、少しだけ視点を変えてみることによって、それまで悩んでいたことが解消したり、無用ないさかいや混乱を避けることができたりするのではないかと思います。

さて、たかが「性格」ですが、そこにはさまざまな事柄が関連しています。研究によって見出されてきたことのなかには、私たちの予想外のものも数多くあります。これからもこの研究領域では、新たな発見がなされていくことでしょう。ときには、身近な話題となっている「性格」の裏に潜んでいる歴史や意味に注目するのも、おもしろいのではないでしょうか。

あとがき

まえがきでも書いたように、現在、世界的にみると、パーソナリティ心理学は盛り上がりをみせています（もっとも、日本の心理学では、おそらく「まだまだこれから」というところだと思いますが……）。

以前のパーソナリティ心理学は、それぞれの研究者が独自の構成概念を掲げて興味のおもむくままに研究を行い、その後ほかの研究者はあまりそれらを省みることがないという、孤立した研究状況が続いていました。いや、すべてがそうであったわけではないのですが、そういう傾向は現在よりも強かったように思います。

それに対して近年は、性格特性がビッグファイブ（五因子理論）を中心にまとまりをみせ、さらにその遺伝的な背景や脳神経科学的なメカニズム、発達的変化や現実生活場面との関連などが研究されてきたことにより、研究が蓄積され、新たな展開が生じやすくなっていることに盛り上がりの原因があるように思います。

第五章で研究を紹介した、アメリカのパーソナリティ心理学者ロバーツが日本に来たときに、これからのパーソナリティ心理学の展開がどうなると思うかをたずねたことがあります。

彼は、これからますますパーソナリティ心理学は、他の領域とのコラボレーション（共同研究）が多くなっていくだろうと言いました。すでに海外では、脳神経科学や疫学など、いくつかの研究領域との共同研究がさかんに行われています。そして、「これからは経済学（行動経済学のことだと思います）とのコラボレーションがさかんに行われていくだろう」と彼は私に教えてくれました。さらに、経済学のようにお金が絡んでくる研究領域と、パーソナリティ心理学が結びついたとき、何か大きな展開が起きてくるだろう、とも。

人間の性格をとらえたいと思う気持ちは、二千年以上もの歴史をもちます。人間が歴史のなかで長い間探究してきた問題について、科学的な思考や統計的な分析手法などの新たな考え方が組み込まれたのは、つい最近のことです。はたして、今後どのような展開がこの研究領域で起きてくるかは予想もつきません。ぜひ、興味をもって見守っていただければと思います。私自身、わずかながらでもこの研究領域に貢献することができるべく、努力していきたいと考えています。

本書を執筆するにあたり、新曜社の森光佑有さんには多くの面でお世話になりました。原稿の隅々までチェックしていただき、さまざまな助言をいただいたことは、自分自身とても勉強になりました。心より感謝申し上げます。

二〇一一年八月

小塩　真司

文献

序章

(1) 山岡重行（2009）血液型性格判断の差別性と虚妄性『日本パーソナリティ心理学会第一八回大会』自主企画　配布資料
(2) 小塩真司（2010）『はじめて学ぶパーソナリティ心理学：個性をめぐる冒険』ミネルヴァ書房
(3) 佐藤達哉（1994）ブラッドタイプ・ハラスメント―あるいはＡＢ型の悲劇『現代のエスプリ』*324*, 154-160.
(4) Dweck, C. S.（2006）*Mindset: the new psychology of success.* New York: Random House.［ドゥエック・C・S・／今西康子（訳）（2008）『「やればできる！」の研究：能力を開花させるマインドセットの力』草思社］

第1章

(1) McCrae, R. R. & Costa, P. T. Jr.（2008）The five-factor theory of personality. In Oliver P. John, Richard W. Robins & Lawrence A. Pervin（eds.）*Handbook of personality: theory and research*（3rd ed）, pp.159-181. New York: The Guilford Press.
(2) Barenbaum, N. B. & Winter, D. G.（2008）History of modern personality theory and research. In Oliver P. John,

Richard W. Robins & Lawrence A. Pervin（eds.）*Handbook of personality: theory and research*（3rd ed）, pp.3-26. New York: The Guilford Press.

(3) 惣郷正明・飛田良文（編）（1986）『明治のことば辞典』東京堂出版

(4) 宮城音弥（1960）『性格』岩波書店

(5) Hathaway, S. R. & McKinley, J. C.（1943）*The Minnesota Multiphasic Personality Inventory*. Minneapolis: The University of Minnesota Press.

(6) Eysenck, H. J.（1962）*Maudsley Personality Inventory*. San Diego, CA: Educational and Industrial Testing Service.

第二章

(1) 前田京子（2010）『幸せな結婚のための婚活心理テスト：問題に答えていくうちにみるみる結婚体質になれる！』主婦の友社

第三章

(1) 中川定敏（監修）（2000）『チーズ：手軽に作れるチーズ料理&世界のチーズカタログ』新星出版社

(2) 三中信宏（2009）『分類思考の世界：なぜヒトは万物を「種」に分けるのか』講談社

(3) Wood, A. W.（2008）*Kantian ethics*. Cambridge: Cambridge University Press.

(4) Kretschmer, E.（1921）*Korperbau und charakter: untersuchungen zum Konstitutionsproblem und zur Lehre von den Temperamenten*. Berlin: Springer.［クレッチマー・E．／斎藤良象（訳）（1944）『体格と性格』肇書房］

(5) Eysenck, H. J.（1967）*The biological basis of personality*. Springfield, IL: Charles C. Thomas Publisher.〔アイゼンク・H．J．／梅津耕作・祐宗省三他（訳）（1973）『人格の構造：その生物学的基礎』岩崎学術出版社〕
(6) Gray, J. A.（1987）*The psychology of fear and stress*（2nd ed）. Cambridge: Cambridge University Press.〔グレイ・J．A．／八木欽治（訳）（1991）『ストレスと脳』朝倉書店〕

第四章

(1) Allport, G. W. & Odbert, H. S.（1936）Trait-names: a psycholexical study. *Psychological Monographs, 47*, No.211.
(2) Cattel, R. B.（1946）*Description and measurement of personality*. Chicago: The University of Chicago Press.
(3) Fiske, D. W.（1949）Consistency of the factorial structures of personality ratings from different sources. *The Journal of Abnormal and Social Psychology, 44*, 329-344.
(4) Campbell, D. T. & Fiske, D. W.（1959）Convergent and discriminant validation by the multitrait-multimethod matrix. *Psychological Bulletin, 56*, 81-105.
(5) Goldberg, L.（1990）An alternative "Description of Personality": the big-five factor structure. *Journal of Personality and Social Psychology, 59*, 1216-1229.
(6) Goldberg, L.（1992）The development of markers for the Big-Five factor structure. *Psychological Assessment, 4*, 26-42.
(7) Saucier, G.（1994）Mini-markers: a brief version of Goldberg's unipolar Big-Five markers. *Journal of Personality Assessment, 63*, 506-516.

(8) De Raad, B. (2000) *The Big Five personality factors: the psycholexical approach to personality*. Cambridge, MA: Hogrefe & Huber Publishing.

(9) Costa, P. T. Jr. & McCrae, R. R. (1985) *The NEO personality inventory manual*. Odessa, FL: Psychological Assessment Resources.

(10) McCrae, R. R. & Costa, P. T. Jr. (1987) Validation of the five-factor model of personality across instruments and observers. *Journal of Personality and Social Psychology, 52*, 81-90.

(11) 小塩真司（2010）企業が学生に求めるもの：企業説明会に参加した企業へのアンケートから『中部大学教育研究』*10*, 105-108.

(12) Ashton, M. C. & Lee, K. (2005) Honesty-humility, the Big Five, and the five-factor model. *Journal of Personality, 73*, 1321-1354.

(13) Lee, K. & Ashton, M. C. (2004) Psychometric properties of the HEXACO personality inventory. *Multivariate Behavioral Research, 39*, 329-358.

(14) Benet, V. & Waller, N. G. (1995) The big seven factor model of personality description: evidence for its cross-cultural generality in a spanish sample.

(15) Digman, J. M. (1997) Higher-order factors of the Big Five. *Journal of Personality and Social Psychology, 73*, 1246-1256.

(16) DeYoung, C. G., Peterson, J. B. & Higgins, D. M. (2002) Higher-order factors of the Big Five predict conformity: are there neuroses of health? *Personality and Individual Differences, 33*, 533-552.

⒄ Rushton, J. P. & Irwing, P.（2008）A General Factor of Personality（GFP）from two meta-analyses of the Big Five: Digman（1997）and Mount, Barrick, Scullen, and Rounds（2005）. *Personality and Individual Differences, 45*, 679-683.

第五章

(1) James, W.（1890）*The principles of psychology*. Cambridge, MA: Harvard University Press.〔ジェームズ・W／今田寛（訳）（1992-1993）『心理学』上・下、岩波書店〕

(2) Costa, P. T. Jr. & McCrae, R. R.（1994）Set like plaster? Evidence for the stability of the adult personality. In T. F. Heatherton & J. L. Weinberger（eds.）*Can personality change?* pp.21-40. Washington, DC: American Psychological Association.

(3) Caspi, A.（2000）The child is father of the man: personality continuities from childhood to adulthood. *Journal of Personality and Social Psychology, 78*, 158-172.

(4) Roberts, B. W. & DelVecchio, W. F.（2000）The rank-order consistency of personality traits from childhood to old age: a quantitative review of longitudinal studies. *Psychological Bulletin, 126*, 3-25.

(5) Roberts, B. W., Walton, K. E. & Viechtbauer, W.（2006）Patterns of mean-level change in personality traits across the life course: a meta-analysis of longitudinal studies. *Psychological Bulletin, 132*, 1-25.

(6) Srivastava, S., John, O. P., Gosling, S. D. & Potter, J.（2003）Development of personality in early and middle adulthood: set like plaster or persistent change? *Journal of Personality and Social Psychology, 84*, 1041-1053.

(7) Donnellan, M. B. & Lucas, R. E.（2008）Age differences in the Big Five across the life span: evidence from two national samples. *Psychology and Aging*, *23*, 558-566.

第六章

(1) 吉本美穂・高木敬雄（2005）明るさ充填の個人差における大域処理・局所処理の優位性の効果『心理学研究』*76*, 156-162.
(2) 森下正康（1979）子どもの親に対する親和性と親子間の価値観および性格の類似性『心理学研究』*50*, 145-152.
(3) 松岡陽子・黒石憲洋（2006）対人態度の親子間相関：内的作業モデル尺度を用いて『日本パーソナリティ心理学会第15回大会発表論文集』176-177.
(4) 文部科学省（2009）平成21年度　学校保健統計調査 〈http://www.mext.go.jp/b_menu/toukei/chousa05/hoken/1268826.htm〉（二〇一一年二月アクセス）
(5) 小塩真司（2010）『はじめて学ぶパーソナリティ心理学：個性をめぐる冒険』ミネルヴァ書房

第七章

(1) 小塩真司・中間玲子（2007）『あなたとわたしはどう違う？：パーソナリティ心理学入門講義』ナカニシヤ出版
(2) Terraciano, A., Sanna, S., Uda, M., Delana, B., Usala, G., Busonero, F., Maschio, A., Scally, M., Patriciu, N., Chen, W., Distel, M. A., Slagboom, E. P., Boomsma, D. I., Villafuerte, S., Śliwerska, E., Burmeister, M., Najaf Amin, N., Janssens, C. J. W., van Dujin, C. M., Schlessinger, D., Abecasis, G. R. & Costa, P. T. Jr.（2010）Genome-wide association scan

for five major dimensions of personality. *Molecular Psychiatry 15*, 647-656.

(3) de Moor, M. H., Costa, P. T., Terracciano, A., Krueger, R. F., de Geus, E. J., Toshiko, T., Penninx. B. W., Esko, T., Madden, P. A., Derringer, J., Amin, N., Willemsen, G., Hottenga, J. J., Distel, M. A., Uda, M., Sanna, S., Spinhoven, P., Hartman, C. A., Sullivan, P., Realo, A., Allik, J., Heath, A. C., Pergadia, M. L., Agrawal, A., Lin, P., Grucza, R., Nutile, T., Ciullo, M., Rujescu, D., Giegling, I., Konte, B., Widen, E., Cousminer, D. L., Eriksson, J. G., Palotie, A., Peltonen, L., Luciano, M., Tenesa, A., Davies, G., Lopez, L. M., Hansell, N. K., Medland, S. E., Ferrucci, L., Schlessinger, D., Montgomery, G. W., Wright, M. J., Aulchenko, Y. S., Janssens, A. C., Oostra, B. A., Metspalu, A., Abecasis, G. R., Deary, I. J., Raikkonen, K., Bierut, L. J., Martin, N. G., van Duijn, C. M. & Boomsma, D. I. (2010) Meta-analysis of genome-wide association studies for personality. *Molecular Psychiatry*, 1-13.

(4) Roberts, B. W. (1997) Plaster or plasticity: are adult work experiences associated with personality change in women? *Journal of Personality, 65*, 205-232.

(5) Devlin, B., Daniels, M. & Roeder, K. (1997) The heritability of IQ. *Nature, 388*, 468-471.

(6) Jang, K. L., Livesley, W. J. & Vernon, P. A. (1996) Heritability of the big five personality dimensions and their facets: a twin study. *Journal of Personality, 64,* 577-591.

(7) Loehlin, J. C., McCrae, R. R., Costa, P. T. Jr. & John, O. P. (1998) Heritabilities of common and measure-specific components of Big Five personality factors. *Journal of Research in Personality, 32*, 431-453.

(8) Riemann, R., Angleitner, A. & Strelau, J. (1997) Genetic and environmental influences on personality: a study of twins reared together using the self- and peer report. *Journal of Personality, 65*, 449-475.

終章

(1) 古川竹二（1932）『血液型と気質』三省堂

(2) 能見正比古（1971）『血液型でわかる相性：伸ばす相手、こわす相手』青春出版社

(3) Gosling, S. D., Ko, S. J. J., Mannarelli, T. & Morris, M. E.（2002）A room with a cue: personality judgments based on offices and bedrooms. *Journal of Personality and Social Psychology, 82,* 379-398.

(4) 警察庁（2011）犯罪統計資料（平成二三年一〜一二月分）〈http://www.e-stat.go.jp/SG1/estat/List.do?bid=000001030874&cycode=0〉（二〇一一年八月一〇日アクセス）

(5) 小塩真司（2010）『はじめて学ぶパーソナリティ心理学：個性をめぐる冒険』ミネルヴァ書房

(6) Nettle, D.（2007）*Personality: what makes you the way you are.* Oxford: Oxford University Press.［ネトル・D．／竹内和世（訳）（2009）『パーソナリティを科学する：特性5因子であなたがわかる』白揚社］

(7) Kashdan, T. B., Vetter, C. J. Jr. & Collins, R. L.（2005）Substance use in young adults: associations with personality and gender. *Addictive Behaviors, 30,* 259-269.

(8) Malouff, J. M., Thorsteinsson, E. B. & Schutte, N. S.（2006）The five-factor model of personality and smoking: a meta-analysis. *Journal of Drug Education, 36,* 47-58.

(9) Terraciano, A. & Costa, P. T. Jr.（2004）Smoking and the five-factor model of personality. *Addiction, 99,* 472-481.

人名索引

事項索引

◆さ　行

◆た　行

著者紹介

小塩真司（おしお　あつし）

中部大学人文学部心理学科准教授。博士（教育心理学）。
1972年，愛知県一宮市に生まれる。
1995年，名古屋大学教育学部教育心理学科卒業。
2000年，名古屋大学教育学研究科博士後期課程修了。
専門はパーソナリティ心理学・発達心理学。

著　書
『自己愛の心理学』（金子書房，共編）
『SPSSとAmosによる心理・調査データ解析』（東京図書）
『共分散構造分析はじめの一歩』（アルテ）
『はじめて学ぶパーソナリティ心理学』（ミネルヴァ書房）
『はじめての共分散構造分析』（東京図書）
『あなたとわたしはどう違う？』（ナカニシヤ出版，共著）
『心理学基礎演習 Vol.2　質問紙調査の手順』（ナカニシヤ出版，共編）
『自己愛の青年心理学』（ナカニシヤ出版）

新曜社
性格を科学する心理学のはなし
血液型性格判断に別れを告げよう

初版第1刷発行　2011年10月8日©

著　者　小塩　真司
発行者　塩浦　暲
発行所　株式会社 新曜社
101-0051　東京都千代田区神田神保町2-10
電話（03）3264-4973（代）・FAX（03）3239-2958
E-Mail：info@shin-yo-sha.co.jp
URL：http://www.shin-yo-sha.co.jp/

印　刷　新日本印刷　Printed in Japan
製　本　イマヰ製本所
ISBN978-4-7885-1253-5　C1011

新曜社刊

性格とはなんだったのか
心理学と日常概念
渡邊芳之
四六判228頁
本体2200円

オオカミ少女はいなかった
心理学の神話をめぐる冒険
鈴木光太郎
四六判272頁
本体2600円

臨床心理学とは何だろうか
基本を学び、考える
園田雅代・無藤清子 編
A5判288頁
本体2600円

心理学者、心理学を語る
時代を築いた13人の偉才との対話
デイヴィッド・コーエン
子安増生 監訳／三宅真季子 訳
四六判512頁
本体4800円

方法としての心理学史
心理学を語り直す
サトウタツヤ
A5判224頁
本体2400円

ミラーニューロンと〈心の理論〉
子安増生・大平英樹 編
A5判240頁
本体2600円

この世とあの世のイメージ
描画のフォーク心理学
やまだようこ 編
A5判356頁
本体4800円

笑いと嘲り
ユーモアのダークサイド
マイケル・ビリッグ
鈴木聡志 訳
四六判496頁
本体4300円

しあわせ仮説
古代の知恵と現代科学の知恵
ジョナサン・ハイト
藤澤隆史・藤澤玲子 訳
四六判424頁
本体3300円

本を生みだす力
学術出版の組織アイデンティティ
佐藤郁哉・芳賀学・山田真茂留
A5判584頁
本体4800円

＊表示価格は消費税を含みません。